爱因斯坦晚年文集

[美国] 阿尔伯特·爱因斯坦 / 著

方在庆　韩文博　何维国 / 译

海南出版社
·海口·

图书在版编目（CIP）数据

爱因斯坦晚年文集 /（美）阿尔伯特·爱因斯坦
（Albert Einstein）著；方在庆，韩文博，何维国译
. -- 海口：海南出版社，2024. 12
　书名原文：Out of My Later Years
　ISBN 978-7-5730-1506-8

　Ⅰ . ①爱… Ⅱ . ①阿… ②方… ③韩… ④何… Ⅲ .
①爱因斯坦（Einstein，Albert 1879-1955）– 文集 Ⅳ.
① Z471.2

　中国国家版本馆 CIP 数据核字（2024）第 009076 号

爱因斯坦晚年文集
AIYINSITAN WANNIAN WENJI

著　　者：〔美国〕阿尔伯特·爱因斯坦
译　　者：方在庆　韩文博　何维国
策划编辑：李继勇
责任编辑：张　雪
责任印制：郏亚喃
封面设计：海　凝
印刷装订：北京兰星球彩色印刷有限公司
读者服务：唐雪飞
出版发行：海南出版社
总社地址：海口市金盘开发区建设三横路 2 号
邮　　编：570216
北京地址：北京市朝阳区黄厂路 3 号院 7 号楼 101 室
电　　话：0898–66812392　010–87336670
电子邮箱：hnbook@263.net
经　　销：全国新华书店
版　　次：2024 年 12 月第 1 版
印　　次：2024 年 12 月第 1 次印刷
开　　本：880 mm × 1 230 mm　1/32
印　　张：11.5
字　　数：230 千字
书　　号：ISBN 978-7-5730-1506-8
定　　价：58.00 元

中文版序

有此机会向更多读者呈现爱因斯坦这本重要文选的新版本，令人欣喜。这不仅是因为这位伟大的科学家和人道主义者的思想和观点仍然激发着人们的想象力，而且更特别的是，这本内容丰富且精妙的爱因斯坦文集，至今尚无中文译本。

在讨论爱因斯坦对知识的贡献时，英国哲学家伯特兰·罗素认为，尽管爱因斯坦并未低估事实的价值，但他更加强调赋予一系列事实以意义的理论的发展。确实，一个理论若要具有价值，则肯定不能仅仅从仔细收集和整理一些单个的观察中凸现，而是应该以一组不期而至的富有想象力的洞见表现出来，一如诗人或作曲家的灵感。这样说也许忽略了科学家或艺术家坚持不懈的精神，但罗素的评价捕捉到了一般公众对爱因斯坦和其他富于想象的天才（无论是艺术家还是科学家）持久迷恋的原因。

我们能够接近这位天才的捷径，是通过原始文献来追踪爱因斯坦思想和行动发展的轨迹，在这一点上，我们非常感谢《爱因斯坦晚年文集》新的中文版问世。

正如爱因斯坦在1923年出版的他的一本选集的序言中所述：在一个最基础的层次上追寻某个理论或思想的发展，具有一种独特的魅力，即一种直接性，而如果原始材料被许多当代人的工作系统化地整理之后，这种直接性就会不复存在。

这个新版本的选集最初以英文发表于1950年，在30年之后，才用爱因斯坦的母语——德语发表。中文版的出版给中国读者也提供了一个前所未有的机会——自发地站在爱因斯坦的肩上，思考那些始终困扰他的思想的东西。文集的英文版和德文版影响颇深，在讲中文的世界里也将产生同样的影响，会是最令人欣慰的。

作为波士顿大学爱因斯坦全集计划的负责人，来为本文集写一个前言，让我感到特别愉快。在过去的20年中，我们看到，有关阿尔伯特·爱因斯坦的知识激增。部分原因在于，人们获得了有关其科学与生活的有价值的新文献；部分原因是一些致力于对这些材料进行评注的研究小组的努力，这其中也包括我们自己的研究小组。然而，自从爱因斯坦1955年辞世以来，有一点是一直未变的，这就是爱因斯坦的文章以其他科学家难以与之媲美的明晰与睿智仍然得以传颂。愿中国读者能发现一种欣赏其天才的新方式，找到一种与其人性紧密相连的感受。

罗伯特·舒尔曼

波士顿大学历史学教授

爱因斯坦全集计划负责人

出版者前言

阿尔伯特·爱因斯坦论文选集第二卷的时间跨度从1934年到1950年。论文选集的第一卷曾以《我所见的世界》(*The World As I See It*)[①]为名出版，所含材料是从1922年至1934年。

阿尔伯特·爱因斯坦不属于那种不关心周围的世界，一心只做自己的研究工作，生活在"象牙塔"里的人。恰恰相反，他作为一个敏锐的、持批评态度的观察者，关注着他的时代的趋势和需求。事实上，他常常通过写作和口头呼吁来进行干预。而且必须强调的是，他这样做总是出于人道主义的理由。

[①] 从德文版的《我的世界观》(*Mein Weltbild*)翻译成英文。德文版是1934年由荷兰阿姆斯特丹的科里多(Querido)出版社出版的。由爱因斯坦的女婿鲁道夫·凯塞尔(Rudolph Kayser)用匿名"J.H."选编，共83篇文章。英文版同年出版，由Allen Harris翻译，纽约Covici Friede出版社出版。我国早在1937年就出版了叶蕴理的中译本（上海文化生活出版社）。本书中部分文章后又被收录在1954年出版的《观念与观点》(*Ideas and Opinions*)一书中。——译者。

从这种意义上说，《爱因斯坦晚年文集》(*Out of My Later Years*)[1] 反映了本书作者的哲学以及政治和社会态度。书中各章是由目前尚未出版的[2]讲演、论文、书信、呼吁以及各种不同类型的文章构成的。

我们感到有必要不做任何编辑加工而把它们呈现给大众。这是一份令人感动的文献，它记载了一个有良知的、影响深远的、具有深刻的高尚精神的人的活动。

---

[1] 本书的德文版 1979 年由德国 Ullstein 出版社出版，标为 *Aus meinen spaeten Jahren*，内容有较大的不同。——译者。

[2] 本书初版时间为 1950 年。此处指当时还未出版的文章。——译者。

目　录

---

① 括号里的数字表示文章发表的年代。——译者。

科学

公共事务

科学与生活

伟大人物

我的人民

信念与信仰

自画像

对于一个人自身的存在，何者是有意义的，他自己并不知晓，并且这一点肯定也不应该打扰其他人。一条鱼能对它终生畅游其中的水知道些什么？

1947 年的爱因斯坦

苦难也罢，甜蜜也罢，都来自外界，而坚毅却来自内部，来自一个人自身的努力。在很大程度上，我都是受我的本性的驱使去做事情。为此而获得太多的尊敬和热爱，让人感到羞愧。仇恨之箭也射向了我，但从未伤害我，因为它们在某种程度上属于另一个世界，而我与之没有多少关联。

我孤寂地生活着，年轻时痛苦万分，而在成熟之年却甘之如饴。

决定命运的十年

当再一次阅读我差不多十年前写的东西时 ①，我得到了两个不可思议的、截然相反的印象。我当时所写的东西，从本质上说至今看上去仍如当时一样是正确的。然而，它却显得令人奇怪地遥远和陌生。怎么会是那个样子呢？是世界在这十年中变化太大了呢，还是因为我又老了十岁，以一种变得不那么敏锐的眼光看待一切事物？十年的时间在人类历史中有多长？与这一段微不足道的间隙相比，那些决定人的生活的力量难道不应被视为永恒吗？是不是因为我的评判力（critical reason）太敏感，以致这十年中生理上的变化已经如此深刻地改变了我对生活的看法？显而易见，在我看来，上述考虑不能解释在用情感理解生活中一般问题的方法上的变化。也不可能在我的外部环境中找到产生这一奇特变化的原因。我知道，原因在于，在我的思想和情感中，它们一直

---

① 这是写给《哲学文丛》（*Living Philosophy*）的文章。——原注。（可参见《我的世界观》德文版第 7 页，Zuerich，1974——译者。）

处于从属的地位。

不，这里面涉及一些其他因素。在这十年里，对人类社会的稳定性的信心，甚至对人类社会存在基础本身的信心，在很大程度上已经消失殆尽了。人们不仅感觉到了一种对人类文化遗产的威胁，而且还发现一种较低的价值正在取代所有自己宁愿不惜一切代价加以保护的东西。

毫无疑问，有识之士一直很敏锐地意识到生命是一种历险，我们永远在费力地同死亡抗争。在某种程度上危险是外在的，人们可能会从楼上摔下来折颈而死，可能无缘无故地死去，可能无辜却被认定有罪，可能因他人的诽谤中伤而一蹶不振。人类社会中，生命意味着各种各样的危险；而这些危险在本质上是混乱无序的，它们随机地发生。从整体上看，人类社会似乎是稳定的。用理想的品位和道德观来衡量，这个社会绝对是不完美的。但是，总的看来，人们身处其中仍然觉得比较自在。而且，尽管存在多种多样的事故，人们在社会中还是觉得相对安全。人们把它的本质视为如此，有如人们呼吸的空气。甚至关于美德、抱负和实用真理的标准，也作为不可违背的传统被视为理所当然，而且对所有有教养的人都是一样的。

毫无疑问，第一次世界大战已经动摇了这种安全感。生命的神圣性已经消失，个人再也不能想做什么就做什么，想去哪儿就去哪儿。谎言成为政治手段，从而被赋予了尊严。但是，这场战争在很大程度上被视作一场外部事件，而很少或根本未被看成是人们有预谋、有计划行动的结果。它被理解为从外部对人的正常生命的中断，而这种中断普遍被认为是不幸的和邪恶的。关于人类目标和价值的安全感还存在，其主要部分还没有动摇。

随后的发展是以众多的政治事件为显著标志的，与影响更为深远、更不易把握的社会心理背景相比，这些政治事件并不难以把握，影响也不大。首先，在威尔逊的宏伟创意下，"国际联盟"的成立以及国家之间集体安全体系的建立，标志着世界迈出了很有希望的一小步。随后，形成了一些法西斯国家，它们接二连三地撕毁协议，公然践踏人性，毫无掩饰地对比它们弱小的国家施行暴力。刚建立起来的集体安全体系像纸板房屋一样倒塌了——其后果甚至直至今日还无法估量。它表明了有关国家的部分领导人的性格弱点以及责任感的缺乏，也表明了那些表面上仍未受到损害的民主社会中存在短视的自私，这种自私阻止了任何有力的反击。

情形糟到连最悲观的人也不敢预测的地步。在欧洲，莱茵河以东，理智的自由传统已不复存在，人民生活在攫取了政权的暴徒的恐怖主义统治之下，青少年们被系统化的谎言毒害着。通过政治冒险所造成的虚假成功让世界上其他各国头晕目眩。无论在什么地方，有一点已很明显，这一代人缺乏他们的先辈们通过艰苦的斗争和巨大的牺牲赢得政治自由和个人自由的力量。

对此事态的清醒认识给我现在生活中的每一个小时都蒙上了阴影，而十年前，它们根本没有占据我的心房。在我重读以前写就的文字时，我感触最为强烈的正是这一点。

然而，总而言之，我认为即使流行的观念可以使人在不同的时候表现迥异，即使像当前的趋势会给人带来想不到的悲哀，人还是变化不大。除了史书中可怜的几页，什么也不会留下，后世的年轻人可以从其简短的描述中了解祖先的愚蠢和荒唐。

道德的衰败

一切宗教、艺术和科学都是同一棵树上的不同分支。其目的都是为了让人类的生活趋于高尚，使它从单纯的生理存在中升华，并把个人引向自由。我们较为古老的大学都是从教会学校发展而来的，这绝非偶然。无论是教堂还是大学——在它们行使其真正的功能的限度内——都是为了使人变得崇高。它们试图通过传播对道德上和文化上的理解以及放弃使用暴力来实现这个伟大的目标。

这一在教会和世俗文化机构之间必不可少的联合在19世纪消失了，取而代之的是毫无意义的敌对。然而从来没有人对为文化进行争斗提出过疑问，没有人怀疑这一目标的神圣性，所争论的只是研究途径。

最近几十年的政治和经济的冲突和复杂性已把19世纪最悲观的人也没有想到的危险带到了我们眼前。那时，《圣经》中有关人的行为的训谕，作为个人和社会的不言而喻的要求被信徒和非信徒们同样接受。一个人如果不承认对客观真理和知识的追求是人的最高目标和终极目标，他

马基雅维利（Niccolo Machiavelli, 1469—1527）

意大利政治家。所著《君主论》被普遍看成是权谋的经典。

将不会受到尊重。

然而今天我们不得不惊恐地承认，文明社会中人类存在的支柱已经失去了稳固性。一些曾经优秀的民族屈服于竟敢如此宣称的暴君：能为我所用的正义才是正义！为真理而寻求真理已不再存有正当理由，也不会被容忍。专横的统治、压迫，对个人、信仰和公众的迫害在那些国家公然施行，并被当作是正当的和不可避免的加以接受。

世界上其他国家已经逐渐习惯于这些道德衰败的症状。人们失去了反对非正义和支持正义的基本反应——这种反应归结底是人类反对堕落至野蛮状态的唯一保障。我坚定地相信，热烈追求正义和真理的决心对改善人类的处境所做的贡献远胜于精明的政治算计，后者归根结底只会产生普遍的不信任。谁能怀疑摩西是比马基雅维利更优秀的人类领袖呢?

第一次世界大战期间有人试图说服一位伟大的荷兰科学家[①]，在人类历史上，权力胜过正义。"我不能否认你们的论断的正确性，"他答道，"但我确实知道，我不愿意活在这样的世界上！"

让我们像这个人一样思考、感受和行动，拒绝接受与命运相关的（fateful）妥协。为了保护正义和人类的尊严，如果战斗是不可避免的，就让我们勇敢地迎上前去，而不要逃避。如果我们这样做了，我们不久将会回到那允许我们享受人性快乐的环境。

[①] 据波士顿大学的 Schulmann 教授考证，此处应指 L. A. 洛伦兹。——译者。

留给后世的话

我们这个时代出现了很多长于发明创造的人,他们的发明能在很大程度上方便我们的生活。我们能利用动力渡过大海,也能利用动力把人们从各种劳累的体力劳动中解放出来。我们已学会了如何飞行,还能借助电波毫无困难地把信息和新闻传送到世界上任何一个地方。

但是,商品的生产和分配是完全没有组织的,这导致每个人都生活在恐惧之中,担心被排斥在经济循环(economic cycle)之外,这样的话,他们就会苦于想要各种东西[却又无力购买](书中所有方括号内的内容均为译者添加——编注)。而且,生活在不同国度的人们在不定的时间里还要互相残杀,正因如此,任何一个思考将来的人都会感到害怕和恐惧。这种现象应归因于这样一个事实:普通大众的理解力和性格成熟度远远低于那些为社会产生有价值东西的少数人的理解力和性格成熟度。

我相信,后代将带着一种自豪的心情和正当的优越感来读这些话。

论自由

　　我知道，就基本价值判断进行争论是一项毫无希望的工作。举例来说，如果某人同意把人类从地球上灭绝作为目标，人们就不能从理性的基础上对此观点加以反驳。但是如果就某些目标和价值达成共识，人们可以就实现这些目标的方式进行理性的争论。那么，让我们指出两个目标，所有读到这篇文章的人大概都会同意的。

　　1. 那些对维持所有人的生命和健康有帮助的（instrumental）产品应该用总的劳动力中尽可能少的劳力生产。

　　2. 对物质需要的满足的确是满意的生存必不可少的前提条件，但仅仅如此还不够。为了获得满足，人们还必须有可能根据他们个人的特点和才能，发展他们的智力和艺术才能。

　　上述两个目标中的第一个目标要求促进一切与自然规律和社会过程规律有关的知识，也就是说，促进一切科学上的努力。科学上的努力是一种自然的整体，它的各部分之间以一种确实还没有人能预见的方式互相支持。但是，科学的进步却预先假定了所有结果和论断间无限制的联系的可能性——即在所有理智努力的领域内言论自由和教学自由（freedom of expression and instruction）。我所理解的自由是指在这样的社会条件下：一个人不会因为就知识的一般和特殊方面表达意见和论断，带来危险或严重的不利后果。这种交流的自由对于发展和推广科学知识是不可缺少的，有着重大的实际意义。首先，它必须得到法律的保证，但仅仅有法律并不能保护言论自由。要使每个人都能不受惩罚地表达他的观点，还需要全民有一种宽容的精神。这种理想的外在的（external）自由永远也不可能完全实现，但如果科学思想以及一般意义上的哲学的和创造性的思维要尽可能快地发展，这种理想的外在的自由就应该成为坚持不懈地追求的目标。

如果要确保第二个目标，即所有个人的精神发展成为可能，就必须有第二种外部的（outward）自由。人类不应该为了取得必要的生活资料，而不得不工作到既无时间也无体力从事个人活动的程度。没有这第二种外部的自由，言论自由对他就毫无用处。如果能合理解决好劳动分工的问题，技术的进步将为这种自由的实现提供可能。

科学的发展，以及一般意义上的精神的创造性活动还要求另一种自由，它可以概括为内在的自由。正是这种精神上的自由存在于独立的思想中，后者不受权力和社会偏见的限制，也不受一般的未经审视的（unphilosophical）的常规和习惯的羁绊。这种内在的自由是大自然不可多得的恩赐，是个人值得为之努力的目标。而社会也能为推进这一目标的实现做很多工作，至少它可以不干涉其发展。例如，学校可以通过权威的影响或是把过多的精神负担强加给年轻人，来干涉内在的自由的发展；另一方面，学校也可以通过鼓励独立思考来表达对这种自由的赞成。只有不断有意识地追求外在的自由和内在的自由，精神生活的发展和完善才有可能实现，从而人类外在的生命和内在的生命才有可能得到改善。

道德与情感

通过我们的外在和内在的经历，我们都知道，我们的有意识的行动都产生于我们的愿望和我们的恐惧之中。直觉告诉我们，我们的同类和高等动物也是如此。我们都试图逃避痛苦和死亡，而追求让我们快乐的东西。我们都受制于冲动下的行为，这些冲动被组织起来后，将使我们的行为一般而言总是为了保存自我和保存人类。饥饿、喜爱、痛苦和恐惧是那些支配个体自我保存的本能的内在力量的一部分。同时，作为社会的人，我们在与他人的交往中还被同情、自豪、憎恨、权欲、怜悯等感情所打动。所有这些不易于用语言描述的原始冲动，都是人类行为的动机。如果这些强烈的原始力量不再在我们内心扰动，所有这些行为都将停止。

尽管我们的行为显得与高等动物的行为如此不同，两者之间的原始本能还是很相似的。最明显的差异在于，在人类的行为中起重要作用的是相对而言较强的想象力和思维能力，以及辅助这些能力的语言和其他符号工具。思想是人用来组织的因素，是作为原因的原始本能和作为结果的行为之间的中介。由此，为原始本能服务的一部分的想象力和理智就进入我们的存在之中。而由于它们的介入，又使我们的行为不只限于仅仅满足本能提出的直接要求。通过它们，原始本能得以和距其本身更远的目标相联系。本能把思想带入行动，而思想又激发起中介行动，这些行动受到同样与终极目的有关的情感所感染。这个过程通过反复作用造成如此现象，即观念和信仰获得并保持了一种强而有效的力量，它们甚至直到赋予它们这种力量的目标已被遗忘很久后仍然能被保持下去。在物体已失去原有的实际意义时仍依附于这些物体的激烈的外借感情这种反常情形中，我们提到了拜物教（fetishism）。

然而我所指出的这种过程在日常生活中也起着重要的作用。人们认为这个过程——可以称之为把感情的脱俗化（spiritualizing）和思想的脱俗化的过程——带来了人所能享有的最微妙的、最高尚的乐趣：由艺术创造和思维逻辑训练的美所带来的乐趣。关于这一点确实从未有过任何疑问。

据我所知，有一种考虑处于所有道德学说的开端。如果作为个体的人屈服于他们的原始本能的召唤，即只为自己躲避痛苦、寻找满足，那么他们得到的全部后果必然是一个不安全的状态，充斥着恐惧和各种苦难。如果除此之外，他们还从一个个人主义的立足点，即自私的立足点出发来运用他们的理智，把他们的生命建立在一个快乐的、独立的存在幻想之上，情形将很难更好些。与其他原始本能和冲动相比，爱、同情、友谊这些感情太虚弱、太无能为力了，它们不足以引导人类社会进入一种可以容忍的状态。

如果随心所欲地考虑，这个问题的解决方法很简单，似乎在重复过去那些一脉相承的智者的教化：所有人都应当让他们的行动遵循同样的原则，而被遵循的这些原则必须能给所有人增加尽可能多的安全感和满足感，带来尽可能少的痛苦。

当然，这个总体要求实在是太含糊了，以至于我们还不能够满怀信心地从中抽取出指导个人行为的具体原则。不可否认，这些原则必须不断修正以适应变化的环境。如果这就是阻碍这个热切的设想实现的主要困难，那么，人类几千年来的命运要远比过去和现在幸福得多。人们将不会用武力和诡计互相残杀、互相折磨、互相剥削。

真正的困难，那种挫败了亘古至今所有圣贤的困难还在于：我们怎样才能使我们的教化在人的感情生活中更加有效，从而使它的影响能够抵挡个人的原始精神力量的压力？当然，我们不知道过去的圣贤是否真的问过他们自己这个问题，是否真的有意识地并且是用这种形式问过这个问题；但是我们确实知道他们曾怎样努力解决这个问题。

在人类还未成熟以前，即还没有面对这个普遍的道德态度的很久以前，对生命危险的恐惧已使他们把释放那些人们害怕或可能欢迎的自然力量的能力归于各种无法触知的、想象出来的个体存在物（personal beings）。他们相信，那些到处控制他们想象的存在，在肉体上与他们自己相似，但被赋予了超人的能力。这就是上帝观念的原始形式。这种关于存在着这种存在物及其非凡能力的信仰，首先产生于人类日常生活中遍布的恐惧，它对人以及人的行为的影响已经大得难以想象。因此人们开始建立对所有人都同样有效的道德观点时，把它与宗教紧密联系在一起也就不足为怪了。那些道德要求对于所有人都相同这一事实，可能与人类宗教文化从多神论到一神论的发展有很大关系。

因而，普遍的道德观念由于与宗教的联系获得了最初的心理力量（psychological potency）。然而在另一种意义上，这种紧密的结合对道德观念又是致命的。一神论宗教在不同民族和人群中以不同形式存在。尽管这些形式上的差别绝不是根本差别，但它们很快就会比共同的本质更为强烈地为人们所感知。正因为如此，宗教常常带来敌意和冲突，而不是以普遍的道德观念把人类更紧密地团结起来。

后来自然科学的发展对思想和实际生活产生了重大影响，在现代更加削弱了各个民族的宗教情感。因果和客观的思维模式——尽管并不必然同宗教领域相矛盾——使绝大多数人不太可能深化宗教意识。而由于宗教与道德之间传统的密切联系，在最近一百年左右的时间里，上述现象已随之使道德思想和情感产生了严重的削弱。在我看来，这就是我们这个时代的政治方式野蛮化的主要原因。与新技术手段令人生畏的效率一起，这种野蛮化对文明世界形成了可怕的威胁。

毋庸赘述，人们很高兴看到宗教在为实现这些道德原则努力。然而道德命令并非只是教会和宗教的事情，它还是全人类最宝贵的传统财富。让我们从这个立足点来考察一下新闻界的位置或那些［强调］竞争方法的学校的位置！一切都受制于对效率和成功的狂热的崇拜，而不是受制于与人类社会终极目标相关的东西或人的价值。造成这一结果的还有由残酷的经济斗争带来的道德恶化。但是，在宗教范围外部对道德意识有心的培育，应该有助于引导人们把社会问题看成是为走向更好的生活而快乐服务的机会。因为纯粹从一个人的观点来看，道德行为并不仅仅意味着严格要求放弃一些必要的生活乐趣，它更是对所有人更为幸福的命运的一种友善的关怀（sociable interest）。

这个概念意味着一个至高无上的要求——每个人都必须有机会发展其可能有的天赋。只有这样，个人才能得到应该属于他的满足感；也只有这样，社会才能最大限度地繁荣。因为一切真正伟大和激动人心的东西都是由可以自由劳动的个人创造的。只有在生存安全的需要下，限制才被认为是合理的。

该概念还可引出如下结论——我们不仅应该容忍个人之间和群体之间的差异，而且我们确实还应该欢迎这些差异，把它们看成是对我们存在的丰富。这是所有真正的宽容的要义；没有这种最广泛意识下的宽容，就谈不上真正的道德的问题。

按照上面简略指出的这种意义，道德并不是一个固定的、僵化的体系。它不过是一个立足点，从这个立足点出发，生活中出现的所有问题都可以得到也应该得到判断。它是一项从未完成的任务，它无时不在指导着我们的判断，激励着我们的行为。你能想象一个内心充斥如此理想的人能对下列情形感到满足吗？

如果他从他的同胞那儿得到的物质和服务的报酬比绝大多数其他人曾经得到的都要多得多？

如果他的国家因为自身在军事上暂时没有危险，因而漠然于建立一个超国家的安全和正义体系？

当世界上其他地方的无辜百姓遭受迫害，被剥夺基本权利，甚至被屠杀时，他只是消极地甚至漠不关心地看待这一切吗？

提出这些问题就是回答这些问题！

科学与宗教

I

在 20 世纪，以及部分上上个世纪期间，人们广泛认为知识和信仰之间存在着不可调和的矛盾。盛行于一些杰出人士之间的观点认为，信仰应越来越多地被知识取代的时候已经来到；没有知识作为依托的信仰是迷信，因此必须对之加以反对。根据这一观念，教育的唯一功能就是打开通向思考和知识的通道，而学校作为人们进行教育的杰出机构，必须完全为这一目标服务。

一个人可能很难（如果不是根本不可能的话）找到以这种粗陋的方式表述的理性的观点；因为任何一个理智的人都会立即发现这个观点的陈述是多么片面。但是如果一个人想清思绪、抓住观点的实质，这种直截了当的表述方式是可以接受的。

的确，信念最好能得到经验和清楚的思维的支持。在这一点上，人们必须毫无保留地同意极端理性主义者〔的看法〕。然而，这一观点的弱点在于，那些对于我们的行为有必要而且起着决定作用的信念，并不能完全用这种僵硬的科学方法来寻找。

因为科学方法所能教给我们的只是，事实是如何相互联系，又是如何互相制约的。获得客观知识是人类所能拥有的最高抱负，你们当然不会怀疑我想贬低人类在这个领域所进行的英勇努力的成就。然而同样真切的是，有关**是**（书中所有黑体字均是原著中的斜体字——编注）什么的知识并不直接打开通向**应该是**什么之门。人们可以对**是什么**有最清楚、最完整的知识，可还是不能从中推论出我们人类渴望的**目标**是什么。客观知识为我们实现某些目标提供了强有力的工具，但是终极目标本身以及对实现它的热望必须来自另一个源泉。我们的存在和行为只有通过确立这样的目标及相应的价值才能实现其意义，对此观点，几乎不必论证。这类真理的知识本身是伟大的，但它指导行动的能力实在是太弱的，以至于它甚至不能证明对真理知识本身的渴望的正当性和价值。因此，我们在此面临着关于我们的存在的纯粹理性观念的局限。

但是绝不可以假定理智思维在形成该目的和伦理判断方面就无所作为。当某人意识到某种手段对实现一个目的有用时，该手段本身就因此成为目的。理智使我们明白手段和目的之间的相互关系。但靠思考并不能让我们弄清楚终极目的和根本目的。在我看来，廓清这些根本目标和评价（valuations），并使它们在个人感情生活中牢固地确立起来，似乎正是宗教在人类社会生活中应该行使的最重要功能。如果有人问，既然这些根本目的不能仅仅通过理性来陈述并被证明是正当的，那么，它们的权威又从何而来？答案只能是，它们在健全的社会中作为强有力的传统存在，这些传统作用于个人的行为、抱负和判断，它们活生生地存在着，其存在的正当性不言自明。它们的成立并不是通过证明，而是通过启示，通过有影响力的伟大人物的作用而得到。人们不应该试图证明其正当性，而应该单纯而明确地感受其本质。

我们的抱负和判断的最高准则是由犹太－基督教的宗教传统给予的。这是一个很高的目标，以我们的微薄之力，我们远不足以完全实现这个目标，但它给我们的抱负和评价提供了坚实的根基。如果人们要把该目标从其宗教形式中提取出来，并仅仅从纯粹的人的方面看待它，就可以对它如此表述：个人自由而又负责的发展，从而可以在服务全人类的过程中自由而快乐地行使自己的能力。

在这里，没有给民族神圣化、阶级神圣化留有任何余地，更不要说个人的神圣化了。难道不是如宗教语言所说，我们都是同一个父亲的孩子？确实，甚至连作为一个抽象整体的人的神圣化，都不会合乎该理想的精神。灵魂只被给予个人。个人的最高命运是服务，而不是统治，也不是以其他形式把自己的意愿强加给他人。

如果人们考察本质而不是考察形式，那么人们也可以把这些词句看成是表达了基本意义上的民主观点。在我们使用这个词的意义上，真正的民主主义者，就如笃信宗教的人一样，可以尽可能少地崇拜他的国家。

那么，教育和学校的功能是什么呢？它们应该帮助青年人在成长中把这些至关重要的原则看作是有如他们呼吸的空气。教学本身并不能做到如此。

如果有人把这些崇高的原则清楚地放在眼前，并把它与我们这个时代的生活和精神相比较，那么有一点异常明显，即：文明的人类发现自己现在正处于严重的危险之中。在集权国家里采取实际行动努力摧毁人文精神的正是统治者本身。相权之下威胁微轻的部分，是民族主义、不宽容以及运用经济手段对个人进行的压迫，它们威胁着要扼杀那些最宝贵的传统。

但是，对危险的严重性的认识正在思考的人们当中传播，有许多人在寻找解决这个危险的方法——在国内政治和国际政治领域里的方法，以及一般而言，在立法和组织领域的方法。毫无疑问，这些努力极有必要。先人们知道一些我们似乎已经遗忘的东西。如果没有活生生的精神做依托，所有的手段都只不过是迟钝的工具。但是如果实现这一目标的渴望有力地存在于我们的内心，我们将不会缺乏力量以找到实现该目标并使之成为现实的手段。

II

要我们就何为科学取得共识并不困难。科学就是一种长达世纪之久的努力，通过系统的思想把这个世界中可以感知的现象尽可能完全地联系起来。大胆地说，它是通过概念化这一过程对存在进行后验重建的企图。但当问我自己宗教是什么时，我就不能如此轻易地回答了。即使当我已找到在这一特定时刻可能让我满意的答案后，我仍然坚信，在任何条件下，我都绝不可能哪怕在很小的范围内，把所有那些曾对这个问题进行过严肃思考的人的意见统一起来。

那么，首先我将不问宗教是什么，而宁愿问用什么可以刻画一个使我认为他笃信宗教的人的抱负：在我看来，一个受到宗教启发的人已经在最大限度内把他自己从自私的欲望的桎梏中解放出来，而全神贯注于那些具有超个人的价值而为他所坚持的思想、感情和抱负之中。我认为重要的在于这个超越个人的内容的力量，以及对它超越一切的深远意义的信念的深度，而不在于是否曾试图把该内容与一个神圣的存在联系在一起，否则，就不可能把佛陀和斯宾诺莎算作宗教人物了。与此相应，一个宗教信徒只要不怀疑那些既不需要也不可能拥有理性基础的超个人的内容 [①] 和目标的重要性与崇高性，就可谓虔诚了。它们的存在就跟他自己的存在一样必然，一样真实。在这个意义上宗教是人类长久的努力，它要使人们清楚、完整地认识这些价值和目标，并且经常强化它们，扩大其影响。如果人们根据这些定义来想象宗教和科学，那么这两者之间的冲突就显得不可能发生了。因为科学只能断定**是什么**，而不能断定**应该是什么**，各种各样的价值判断在其领域之外仍然是必然的。另一方面，宗教只涉及对人的思想和行为的评价：它不能正当地揭示事实和事实间的联系。根据这一诠释，过去在科学和宗教之间广为人知的冲突都必须归因于对上述情形的误解。

例如，当宗教团体坚持认为《圣经》中所有论述都绝对正确时，冲突就产生了。这意味着宗教这一部分对科学领域的干预；教会与伽利略和达尔文的学说之间的斗争就属于此列。另一方面，科学的代表人物经常试图在科学方法的基础上就价值和目标做出根本性的判断，从而使他们自己与宗教对立。这些矛盾都源于重大的错误。

那么，即使在宗教和科学之间清楚地划分出各自的领域，这两者之间仍然存在密切的相互联系和强烈的相互依

---

① 此处英文为"object"，似乎译成"对象"才对。但德文原文为"inhalte"，故译成"内容"，也更顺一些。参见德文版，第41页。——译者。

赖关系。虽然宗教可以决定目标，但是，在最广泛的意义上，它已从科学那里学到何种手段会促成它所建立的目标的实现。但是科学只能由那些满怀追求真理和知识热望的人创造出来。而这种感情又源于宗教领域。同样属于这个来源的是如下信念：相信那些在现存世界中有效的规律是理性的，即能用理性来理解的。我不能想象哪个真正的科学家会没有这种深沉的信念。可以用一个比喻来表示这一情形：科学没有宗教，是跛足的；宗教没有科学，则是盲目的。

尽管我已在上文断言宗教与科学之间实在不可能存在合理的冲突，不过我必须在历史上宗教的实际内容方面，再次就一个基本观点对这一断言加以限制。该限制是关于上帝这一概念的。在人类精神进化的年轻时代，人们利用幻想根据自己的形象创造出了神，这些神被认为通过其意愿的作用能够决定，至少能够影响现象世界。人类试图通过魔法和祈祷来改变这些神的行为，以有利于自己。现在所有宗教教义中上帝的概念都是这些神的古老概念的升华。这种把神拟人化的特点可见诸人向上帝祈祷，请求实现自己的愿望这一事实中。

当然，谁都不会否认存在一个全能的、公正的、仁慈的人格化的上帝，能给人以安慰、帮助和引导；而且，由于这一观念的简单性这一优点，使它能被最不开化的头脑所使用。但是在另一方面，这一观念本身又具有一些有史以来就被人们痛苦地认识到的致命的缺点。也就是说，如果这个上帝是全能的，那么所发生的一切，包括人们所有的行动、思想、感情和抱负也都是上帝的成果；怎么可能想到让人在这样全然的上帝面前对自己的行为和思想负责呢？在某种程度上帝给予奖惩的行为也是对他自己（himself）进行的审判。这一点怎么能与归因于上帝的仁慈、公正结合起来呢？

现在宗教领域和科学领域的冲突的主要来源在于人格化的上帝这一概念。科学的目标是确立决定空间和时间坐标中物体和事件间相互联系的普遍规律。这些规律或者说得更确切一些 ①，自然规律被要求——而不是被证明——具有绝对的普遍有效性。这主要是一个纲领，对其原则上成功的可能性的信心只建立在部分成功之上。但是几乎不可能发现有谁能否认这些部分的成功，并把它们归因于人类的自我欺骗。我们能够在这些规律的基础上很精确、很肯定地预言某些领域的现象的随时间变化的行为这一事实深深地根植于现代人的意识之中，即使他对那些规律的内容可能掌握得很少。他只需要考虑如下事实：太阳系中行星的轨迹能够在少数几条简单规律的基础上预先被很精确地预测出来。同样，

_____

① 此处德文版用的是 Beziehungsweise。——译者。

尽管不具备一样的精确性，但也可能预先计算出电动机、输电系统或无线电设备的运行模式，甚至在处理一个新的装置[①]时也是这样。

毫无疑问，当在一个现象综合体中起作用的因素太多时，绝大多数情况下科学方法是不起作用的。人们只要想想天气就知道了，哪怕只是对几天之后的天气进行预报也不可能。然而没有人怀疑我们正面临一种因果关系，其中构成原因的成分大体上已为我们所知。人们不能对这个领域发生的事情进行精确的预测是因为起作用的因素的多样性，而一点也不是因为自然界缺乏秩序。

我们对在生物领域中的规律性的研究远不够深入，但已足以使我们至少感觉到那不变的必然性的规则。人们只要想一想遗传中的有规则的秩序，以及毒物（比如酒精）对生物行为的影响就能明白。这里所缺少的是对广泛普遍性的联系的掌握，而不是对秩序本身的了解。

一个人越是深信所有事件的既定规律性，他就越坚信：除了既定规律性之外，不存在不同本性的原因。对他来说，无论是人类的统治还是神的统治都不会作为自然事件的独立原因存在。毫无疑问，主张存在一个干涉自然事件

---

① 此处，英文用的是 development，这明显是对德文原文 anlage 的误解，anlage 有 development 之意，但在这里却应是"设施""装备"等意。——译者。

的人格化的上帝的学说绝不可能在真正意义上被科学**驳倒**，因为这一学说总是能在科学知识尚未能涉足的领域中找到避难所。

但我确信，一部分宗教代表的这种行为将不但是毫无价值的，而且也是很不幸的。因为只能在暗中而不能公开地维护自己的学说，由于给人类进步带来不可估量的害处，必然会失去它对人类的影响。在为合乎道德的善的斗争过程中，宗教导师们必须有器量放弃人格化上帝的学说，也就是说，放弃过去把这么巨大的权力交给牧师手中的那个恐惧和希望的源泉。在他们的努力中，他们必须利用那些能够在人性本身中培养真、善、美的力量。毫无疑问，这是件比较困难，但其价值也大得不可比拟的任务 ①。宗教导师们完成上面提及的净化过程之后，当然将会高兴地承认科学知识已经使真正的宗教更高贵，并使其意义更深远。

如果宗教的目标之一是尽可能地把人类从自我中心的愿望、欲望和恐惧的束缚中解放出来，那么科学推理可以在另一个意义上帮助宗教。尽管揭示使事物间联系以及对事物的预测成为可能的规则是科学的目标，但这并不是其唯一的目标。它还试图把已发现的相互独立的概念要素间的联系减

---

① 这一思想在赫伯特·萨缪尔的书《信仰与行动》（*Belief and Action: An Everyday Philosophy, London* 1937）中有着令人信服的表达。——原注。

赫伯特·萨缪尔子爵一世（Herbert Louis Samuel, 1st Viscount, 1870—1963）

英国政治家和哲学家。1931年起任皇家哲学研究所所长，著有《自由主义》（1902）、《实用伦理学》（1935）、《信仰与行动》（1937）、《物理学随笔》（1951）等。

少到最低限度。正是在这一努力使多种多样的成分合理地统一起来的过程中，它取得了最大的成功，尽管也正是这一努力使它冒着落入幻想陷阱的巨大危险。但是一切经历过这一领域里的成功进展的深刻体验的人，都会对在存在中所显示出来的合理性表示极大的尊重。通过理解的方式，他被从个人希望和欲望的束缚中意义深远地解放出来，从而达到了在体现于存在的理性的伟大面前谦卑的态度，这种态度由于极为深奥，人类不可能达到。但就"宗教"这个词的最高意义而言，这个态度在我看来是宗教的。所以我觉得科学不仅除去了宗教冲动中拟人化的杂质，而且也有助于我们理解生活的宗教精神化方面。

人类进步的精神进化越是深入，我就越是坚信通向真正宗教之路不在于对生命和死亡的恐惧之中，也不存在于盲目的信仰之中，而在于对理性知识的努力追求之中。在这个意义上，我相信，如果牧师希望公平对待他崇高的教育使命，他就必须成为一个教师。

论教育

庆祝日的首要目的，通常是回顾往事，尤其是纪念那些由于对文化生活的发展而获得了特殊荣誉的人物。对我们前辈的这一友好的纪念活动实在绝对不应被忽视，特别是因为这种对往日盛事的回忆能够鼓舞今天的善良的人们无畏地努力。但是这件事必须由年轻时就与这个州①紧密相连，并熟悉其过去的人来做，而不是由一个像吉卜赛人一样四处流浪，在各种各样的国家积累经验的人来做。

因此，我只能谈论一些与空间和时间无关的，过去是，今后也将是与教育事务相联系的问题。在这一努力的过程中，我一点也不能以权威自居，特别是因为从古到今的明智的本意善良的人们已经讨论过教育问题，并且已就这些问题反复地明白地表达了他们的观点。作为教育领域的半个门外汉②，我阐述除个人经验和个人信念之外毫无根基的观点的

---

① 此处指美国纽约州。——译者。
② 此处德文版为"绝非权威"（Keinerlei Autoritaet）——译者。

勇气从何而来呢？如果这真是个科学的问题，人们可能会对这些考虑保持缄默。

但是，对活跃的人们来说，情况就不一样了。在此，仅仅真理的知识就不够了。相反，若要知识不被抛弃，它就必须被不断地努力连续更新。它就像树立在沙漠里的一座大理石雕像，随时承受着被流沙埋藏的威胁。服务之手必须不断工作，以使大理石在阳光之下永远熠熠发光。我的手也在为大理石服务的手之列。

学校教育一直是把传统的财富从一代传给下一代的最重要的方式。今天这种重要程度超过了以前，因为通过经济生活的现代发展，家庭作为传统和教育的载体地位已经削弱。因此，人类社会的延续和健康比以前更加依赖于学校。

有时人们把学校仅仅看成是把尽可能多的知识传递给成长中的一代的工具。但这是不对的。知识是死的，而学校却是在为活人服务。它应该在青年人身上培养那种有益于公共福利的品质和能力。但这并不意味着消灭个性，把个人仅仅作为如蜜蜂或蚂蚁那样的社会的工具。因为由一个没有个人独创性和个人目标的标准化的个人所组成的社会，将是毫无发展可能的、可怜的社会。相反，学校的目标必须是培养能独立行动和思考的个人，而这些个人又把为社会服务视为最高的生活问题。在我看来，英国的学校体制距实现这个理想最为接近。

但是人们怎样才能实现这一理想呢？是通过道德说教达到这一目标？绝对不是。言辞现在动听，今后将仍是空洞的声音，通往毁灭之路从来都与关于理想的浮华之辞相伴。但是人格并不是由所听所说形成的，而是由劳动和行动形成的。

因而，最重要的教育手段是促使小学生们采取行动。这适用于小学生的第一次学写字，也适用于大学的博士论文，或者是记一首诗，作一支曲，口译或笔译一篇文章，解决一道数学题目，或是进行体育运动。

但是在每项成就背后都有一个作为其基础的推动力，这种推动力反过来又被所从事的事业中取得的成功所强化和滋养。在这里存在着最大的差别，这些差别对学校的教育价值至关重要。同一份工作，其起源可能归因于恐惧和强制、追求权势和声名的野心勃勃的欲望，或是对［研究］对象的爱好、兴趣以及对真理和理解的要求，因此也可以是每个健康的孩子都有的但很早就被削弱了的神圣的好奇心。完成同样一份工作对小学生产生的教育方面的影响可能有很大的不同，这取决于使他完成这份工作的内因究竟是害怕受伤害、利己主义的情感，还是获得喜悦和满足感。没有人会坚持认为学校的管理及教师的态度对塑造小学生的心理基础毫无影响。

我觉得最坏的莫过于学校主要用恐吓、暴力和人为的权威等手段工作。这种做法摧毁了小学生健康的感情、真诚和自信。它产生出顺从的人。难怪这样的学校在德国和俄国居统治地位。我知道这个国家[①]的学校里不会产生这种最坏的邪恶；在瑞士，也许在所有民主统治的国家中都是如此。使学校脱离这种所有邪恶中最坏的邪恶，相对来说比较简单。给予教师尽可能少的使用强制措施的权力，这样小学生对教师的尊敬的唯一来源就是后者的人性和理智品质。

所指出的第二个动机——雄心，说得委婉点就是以被承认和被尊敬为目标，牢固地存在于人的本性之中。没有这种精神刺激，人类合作就完全不可能；取得伙伴赞同的愿望肯定是社会最重要的束缚力之一。在这个感情复合体中，建构性的和毁灭性的力量密切相连。取得赞同和被承认的愿望是健康的动机；但要被承认比伙伴或者同学[②]更优秀、更强大、更有才智，就很容易导致过分的以自我为中心的心理调整[③]，这可能对个人和社会都会造成伤害。所以学校和教师必须防止使用产生个人野心的简单方法以敦促小学生们勤奋学习。

达尔文的生存竞争以及与此相联系的选择理论已被许多人作为鼓励竞争精神的权威依据来引用。也有一些人用这

---

① 这里指美国。——译者。
② 此处英文为 fellow scholar，而德文为 Mitschuler，因而译作“同学”为好。——译者。
③ 此处德文为 Einstellung。——译者。

种方法试图伪科学地证明个人之间毁灭性的经济竞争的必要性。但这是错误的，因为人们进行生存竞争的力量，完全在于他是一个社会性的生活着的动物。正如蚁冢中单个蚂蚁之间的战争对于生存没有什么根本意义一样，人类社会中个体成员之间的斗争也是如此。

因此人们应该防止向青年人宣传把这种习惯意义上的成功当作生活的目标。这种意义上的成功的人，通常从他的伙伴那儿得到很多，其所得通常远远超过他给他们的贡献。但是，人的价值应该体现在他能给予什么上，而不在于他能获得什么。

在学校里和生活中，工作最重要的动机是工作中的乐趣，工作所得到的成果的乐趣，以及对该成果的社会价值的认识。在年轻人的这些心理力量的觉醒和强化之中，我看到了学校被赋予的最重要的任务。只有这样的心理基础才能导致一种快乐的愿望，去追求人类的最高财富，即知识和艺术家般的技艺。

这些创造性的心理力量的觉醒当然比强力的施行或个人野心的觉醒困难，但它更有价值。重点在于发展孩子般爱玩的倾向及孩子般的对被承认的愿望，并把孩子引导到对社会很重要的领域；这种教育主要建立在对成功活动和被承认的愿望的基础上。如果学校成功地从这种观点出发进行工作，它将得到成长中的一代的高度尊重，学校给予的任务也将被当作一种礼物来接受。我认识一些喜欢在校时光甚于喜欢假期的孩子。

这样的学校要求教师在他的工作范围内是一位艺术家。如何才能在学校获得这种精神呢？对此不可能存在万能的补救方法。就如个人不可能永远健康一样，但有一些能被满足的必要条件。首先，教师应该在这样的学校里成长。其次，教师在教学材料和使用的教学方法的选择方面应该拥有广泛的自主权。因为他在发展工作上的乐趣同样会被强力和外在压力扼杀。

如果至此你们都专心地跟上了我的思考，你们可能会对一件事感到奇怪。根据我的观点，我已谈了这么多究竟以什么精神来指导青年，但是关于课程内容和教学方法的选择，我却什么都没有说。占主导地位的究竟应该是语言，还是科学中的技术教育？

对此我的回答是这样的，在我看来这些都处于第二重要的地位。如果一个年轻人已经通过体操和跑步训练了他的肌肉和身体耐力，今后他将适应任何体力工作。头脑训练及脑力和手工技巧的训练也是类似的。因此，会说俏皮话的人的下列说法大致不错，他把教育定义为："如果人们已经忘记了他们在学校里所学的一切，那么所留下的就是教育。"正因为如此，我一点也不急于在古典的语言 – 历史教育和更注重自然科学教育的两种方法的追随者们的斗争中表态。

另一方面，我想反对另一观念，即学校应该教那些今后生活中将直接用到的特定知识和技能。生活中的要求太多样化了，使得在学校里进行这种专门训练毫无可能。除此之外，我更认为应该反对把个人像无生命的工具一样对待。学校应该永远以此为目标：学生离开学校时是一个和谐的人，而不是一个专家。我认为在某种意义上，这对于那些培养将来从事较确定的职业的技术学校也适用。被放在首要位置的永远应该是独立思考和判断的总体能力的培养，而不是获取特定的知识。如果一个人掌握了他的学科的基本原理，并学会了如何独立地思考和工作，他将肯定会找到属于他的道路。除此之外，与那些接受的训练主要只包括获取详细知识的人相比，他更加能够使自己适应进步和变化。

最后，我想再次强调，在此以一种多少有点较为绝对的（categorical）形式所谈的内容，代表的只不过是我的个人观点，其基础仅仅是自己作为学生和教师积累的个人经验。[谢谢您给我这个机会，能在如此有意义的会议上发表这些看法]①

---

① 此段据德文版第 28 页补充，英文版无此段。——译者。

科 学

爱因斯坦 1921 年在维也纳演讲

相对论

数学仅仅涉及概念间的相互关系，而不考虑它们与经验之间的关系。物理学也涉及数学概念，但是，只有当清楚地确定了它们与经验对象的关系之后，这些概念才获得物理内涵。这一点在运动、空间、时间概念上表现得尤为明显。

相对论正是建立在对以上这三个概念前后一贯的解释基础之上。"相对论"这个名称是与如下事实相关的，即：从可能的经验观点来看，运动总是表现为一个物体对于另一个物体的**相对**运动（比如汽车相对于地面的运动，地球相对于太阳和恒星的运动）。运动绝不会作为"相对于空间的运动"——或者，像有人所表述的——"绝对运动"而被加以观察。"相对性原理"在其最广泛的意义上为如下一句论断所蕴含：所有的物理现象都有这样一个特点，它们未给"绝对运动"概念的引进提供任何依据；或较为简洁却不怎么精确的表述：不存在绝对运动。

从这样一个否定的论断中，我们似乎看不到什么洞见。但事实上，它却是对（可以想象的）自然规律的一个严格限制。在这种意义上，相对论与热力学有着某种类似之处。后者也是基于"不存在永动机"这一否定性论断的。

相对论的发展历经了"狭义相对论"和"广义相对论"两个阶段。后者假定了前者作为一种极限情形的有效性，它是前者的连贯一致的延续。

A. 狭义相对论

经典力学中对空间和时间的物理解释

从物理的观点来看，几何学是一些定律的总和，由这些定律能把相互静止的刚体置于彼此相对的位置上（比如，一个三角形由三条端点永远连接的杆组成）。人们设定用这种解释，欧几里得定律是有效的。在这种解释中，"空间"原则上是一个无限的刚体（或框架），其他的物体是与之相关联的（参照体）。解析几何（笛卡儿）用三个相互正交的刚性杆作为参照体表现空间，在这些刚性杆上通过垂直投影这一熟悉的办法（利用刚性的单位尺度），便能测得空间点的"坐标"(x, y, z)。

物理学研究空间和时间中的"事件"。每一个事件不仅有自己的空间坐标 x, y, z，还有一个时间值 t。后者被认为可利用一个其空间大小可以忽略（做理想周期循环）的钟来测得，这个钟 C 被看作是坐标系中一点，例如在坐标原点（$x=y=z=0$）处是静止的，在空间点 P（x, y, z）上发生的事件的时刻便被规定为与事件同时的钟 C 所显示的时刻。在这里，假定"同时"的概念无须专门的定义就有物理上的意义。这种精确性的缺乏似乎是无害的，只因光（其速度在我们日常经验看来几乎是无限的）使得空间上分开的事件的同时性看起来能被立即加以确定。

通过利用光信号来从物理上定义同时性，狭义相对论消除了这个精确性的缺乏。在 P 点发生事件的时间 t 就是从该事件发出的光信号到达时钟 C 时从 C 上读的时间。考虑到光信号通过这一距离所需时间，对这一时刻进行了修正。在做这种修正时，（假定）光速为常数。

这个定义把空间上分开的两个事件的同时性概念归化为在同一地点发生的两个事件（即光信号到达 C 和 C 上的读数）的同时性（符合）。

经典力学以伽利略原理为基础，即：只要其他物体对其没有作用，一个物体总是做直线匀速运动。这一陈述并非对于任意运动的坐标系都是正确的，它仅能适用于所谓的"惯性系"。惯性系互相做直线匀速运动。在经典物理学中，所有定律仅仅对全体惯性系才能说是适用的（狭义相对性原理）。

现在便很容易理解导致产生狭义相对论的那个窘境。经验和理论都逐渐使人确信，光在真空中总是以不变的速

度 c 传播，而与光的颜色及光源运动状态无关（光速恒定原理——以下称为"L-原理"）。然而基本的直观考虑似乎表明同一光线**不可能**相对所有惯性系都以同样的速度 c 运动。L-原理似乎同狭义相对性原理发生了矛盾。

但实际上这个矛盾不过只是一个表面现象，它实质上是基于对时间的绝对性，或对空间分开的事件的同时性的偏见之上。我们刚刚看到，一个事件的 x，y，z，和 t 目前只能相对于某一个选定的坐标系（惯性系）来确定。如果没有特定的物理假设，从一个惯性系过渡到另一个惯性系而实现事件的 x，y，z 变换（坐标变换）是不可能的。然而，下面的假定却恰好足以作为一种解决方案；**L-原理对所有惯性系都成立**（狭义相对性原理对 L-原理的应用）。由此而确定的关于 x，y，z，t 的线性变换称为洛伦兹变换。洛伦兹变换在形式上以由两个无限靠近的事件的坐标差 dx，dy，dz，dt 构成的表达式

$$dx^2 + dy^2 + dz^2 - c^2 dt^2$$

不变为特点（即通过变换之后，由新坐标系中坐标差构成同样的表达式）。

有了洛伦兹变换，狭义相对论原理可以表述为：自然规律对于洛伦兹变换都是不变的（即，若通过 x，y，z，t 的洛伦兹变换对某个自然规律引进一套新的惯性系，则此自

然规律不会改变其形式）。

狭义相对论引发了对空间和时间的物理概念的清晰理解。与之相关的，也引发了对运动的测量杆和测量钟的行为的认识。它在原则上去掉了绝对同时性的概念，从而也摆脱了牛顿意义上的远距离瞬间作用的概念。它表明了当处理运动速度同光速相比不是小得可以忽略的运动时，如何对运动规律进行修改。它导致了麦克斯韦的电磁场方程组形式上的澄清，尤其是它还引发了对电场和磁场本质上的同一性的理解。它把动量守恒和能量守恒这两个规律统一起来，从而展示了质量和能量的等效性。从形式的观点上看，人们可以这样来刻画狭义相对论的成就：它概括性地表明了普适常数 c（光速）在自然规律中扮演的角色，同时展示了以时间为一方，空间坐标为另一方，两者进入自然规律的方式之间存在着密切联系。

B. 广义相对论

狭义相对论把经典力学的基础限定在一个基本点上，即下列论断：自然规律仅对惯性系成立。"允许的"坐标变换即那些使规律形式不变的变换只有（线性）洛伦兹变换。这类限制真的有物理事实根据吗？下面的论证令人信服地否定了它。

等效原理。物体具有惯性质量（对加速的抗性）和重的质量（它决定物体在特定引力场，比如地球表面场中的重量），这两个从定义上看来如此不同的量，但按照经验，是用一个同样的数值来度规的。对此，一定有更深层的原因。这一事实也可这么来表述：不同质量的物体在同一引力场中得到相同的加速度。最后，它也可以这样表述：物体在引力场中的行为可以和没有引力场情况下相同，只要后一情形所用的参照系是一个匀加速坐标系（而不是惯性系）。

　　因而，似乎没有理由禁止对后一情形做如下的解释。人们把这个坐标系看作是"静止的"，将相对它而存在的"表观"引力场看作是"真实的"。由坐标系的加速度而"产生"的引力场当然具有无限的延展范围，它不可能由有限区域的引力质量产生。然而，若我们要寻找一个类场的（field-like）理论，这一事实并不妨碍我们。有了这种解释，惯性系便失去了意义，而且我们获得了关于引力质量和惯性质量等效的"说明"（物质的这一同一性质表现为重量或惯性，由描述方式来决定）。

　　从形式上考虑，承认相对原来"惯性"坐标做加速运动的坐标系也就意味着承认非线性坐标变换，进而大大推广了不变性的思想，即相对性原理。

　　首先，利用狭义相对论的结果所做的深入讨论表明，有了这么一种推广，坐标不能再直接解释为测量的结果。只有当坐标差与描述引力场的场量结合起来才能确定事件间可测量的距离。当人们发现自己不得不承认非线性变换作为等效坐标系间的变换之后，最简单的要求看来是承认所有连续的坐标变换（它们形成一个群），也即承认任何以正则函数来描述场的曲线坐标系（**广义相对性原理**）。

现在不难理解为何广义相对性原理（**基于等效性原理之上**）导致了引力理论。有一种特殊的空间，其物理结构（场）我们假设能在狭义相对论的基础上被精确得知，它是没有电磁场和物质的空的空间（empty space），它完全由其"度规"性质所决定：以 dx_0, dy_0, dz_0, dt_0 表示两个无限接近点（事件）的坐标差，则

$$(1) \qquad ds^2 = dx_0^2 + dy_0^2 + dz_0^2 - c_2\, dt_0^2$$

是一个依赖惯性系的特殊选择的可测量的量。若通过广义坐标变换在这个空间中引入新的坐标 x_1, x_2, x_3, x_4，那么对于同一对点的值 ds^2 便有了另一种表达式：

$$(2) \qquad ds^2 = \sum g_{ik} dx_i dx^k \text{（对 } i \text{ 和 } k \text{ 由 1 到 4 求和）}$$

式中，$g_{ik} = g_{ki}$。根据等效原理，组成"对称张量"且为 $x_1\cdots\cdots x_4$ 之连续函数的 g_{ik} 描述了一种特定的引力场〔即能够重新变换为形式（1）的场〕。从黎曼对度规空间的研究，我们可以得到 g_{ik} 场的精确数学属性（"黎曼条件"）。然而，

黎曼（Bernhard Riemann, 1826—1866）

德国 19 世纪最富创造力的数学家之一。他所发表的文章虽然相对较少，但却广泛地影响着几何学和分析方法。他关于空间几何的独具胆识的思想，对近代理论物理学的发展产生了深远影响，在很大程度上为后来用在相对论中的概念和方法提供了基础。

我们所要寻求的却是能够对"一般"引力场能满足的方程。自然，假定它们也能被描述为 g_{ik} 类型的张量场，这种场一般**不**允许回到形式（1）的变换，即不满足"黎曼条件"，只满足一些稍弱的条件，这些条件恰同黎曼条件一样也独立于坐标系的选择（即是广义不变的）。做简单的形式考查，便能导出与黎曼条件紧密相连的弱条件，这些条件正是纯引力场（存在于物质外面并且没有电磁场）方程。

这些方程以近似定律的形式给出了牛顿的引力力学方程，此外还得出一些已为观察所证实的微小效应（星体引力场引起的光线弯曲，引力势对辐射光线频率的影响，行星椭圆轨道的缓慢旋转——水星近日点运动）。进一步，它们又给出了银河系的膨胀运动的解释，而这一运动是那些星系发出的光线的红移所表现出来的。

广义相对论至今仍是不完备的，它只能较为令人满意地把广义相对性原则应用到引力场，而不能用于总场。我们仍不能确切知道在空间中的总场可用什么数学机制来描述，以及总场遵从何种广义不变定律。但有一点似乎可以肯定，即：广义相对性原理将会被证明是解决统一场问题的一个必要而且有效的工具。

$$E = mc^2$$

为了理解质量和能量相当定律，我们有必要回顾一下两个守恒或称"平衡"原理，这两个相互独立的原理，在相对论以前的物理学中处于一个很高的地位。它们就是能量守恒原理和质量守恒原理。其中第一个［原理］早在 17 世纪就由莱布尼兹提出来了，而它在 19 世纪本质上被发展为力学原理的一个推论。

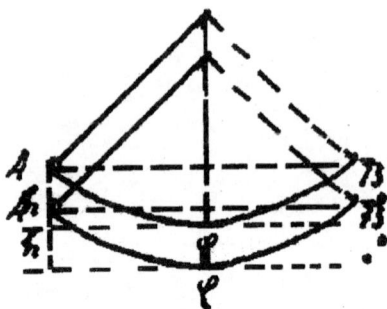

（摘自爱因斯坦博士手稿上的图）

例如，考察一个摆锤在 A 和 B 两点间来回摆动的摆。

在 A 和 B 两点处，质量为 m 的摆锤比它在路径上的最低点（见图）C 点高出一值 h。另一方面，在 C 点上升的高度没有了，取而代之摆锤有了速度。似乎高度能够完全转换为速度，反之亦然。确切的关系可表为 $mgh = \frac{m}{2}v^2$，其中 g 代表重力加速度。在这里，有趣的是，这个关系与摆的长度及摆锤运动路径的形状无关。

意义深远的是，全过程中有某种东西保持恒定，这种东西就是能量。在 A 点和 B 点，它是位能或"势"能；在 C 点它是运动能量，即"动"能。若此概念正确的话，那么 $mgh = \frac{m}{2}v^2$ 之和在摆的任一位置必具有相同的数值，只要把 h 理解为代表高于 C 的高度，v 代表摆在路径上该位置的速度即可。事实证明确是如此。这个原理的推广给了我们机械能守恒定律。但是当有摩擦阻止摆的时候，会发生什么呢？

答案在对热现象的研究中被找到了。基于热量为不可灭的，从高温物体流向低温物体这一假设的研究，似乎赋予我们一个"热守恒"原理。另一方面，就像在印第安人取火操作中发生的那样，热可由摩擦而"产生"，这从远古时就已为人所知了。长期以来，物理学家未能说清这种热量的产生。只有在"对由摩擦所产生的任一定量的热量必有一与之精确地成比例的数量的能量被消耗"被成功地确立时，他们的困难才得以克服。因而我们得到了"功和热互等"原理。

比如对我们的摆而言，机械能逐渐被摩擦转化为热能。

这样一来，机械能守恒原理和热能守恒原理便被合并为一条原理了。物理学家于是确信守恒原理能够进一步推广，以至于包括了化学和电磁过程——一句话，可应用于所有领域。看来，在我们的物理体系中，有个能量的总和，历经任何可能发生的变化依然保持不变。

现在谈谈质量守恒原理。质量是用物体反抗它的加速度的阻力（惯性质量）来加以定义的。它亦可通过对物体称量测得（重力质量）。这两个根本不同的定义居然得出同一个物体质量的数值，这本身就是个惊人的事实。根据质量在任何物理的或化学变化中保持不变的原理，质量似乎应是物体的本质（由于是不变的）属性。加热、熔化、汽化或结合成化学化合物都不会改变其总质量。

几十年前物理学家还接受此原理，但在狭义相对论面前，它却被证明是不正确的。因而它和能量守恒原理结合起来——正如大约在 60 年前，机械能守恒原理同热能守恒原理结合起来一样。我们可以说，先前吞并了热量守恒的能量守恒原理，现在又吞并了质量守恒原理，从而独占了物理学领域。

习惯上，我们用公式 $E = mc^2$ 表示质量和能量的互等性（虽然有点不太确切），其中 c 代表光速，约为 186 000 英里 / 秒（约 30 万公里 / 秒），E 为蕴含在静止物体中的能量，

m 为其质量。质量 m 的能量等于其质量乘以巨大的光速平方——也就是说,每单位质量对应着一个巨大的能量。

但是,若每克物质都具有偌大的能量,为何如此长期地未被注意到呢?答案很简单,只要没有能量被释放出来,它就不会被观测到。正如一个富得令人难以置信的家伙从不舍得花费或捐出一分钱,便没人能说出他有多富一样。

现在我们把这个关系反过来,可以说能量在数值上每增加 E,必然伴随有质量上的增加 E/c^2。我能很容易地把能量提供给质量——比如,我把它加热 10 度。那么为何不去测与此变化相关的质量增加,或者重量增加呢?这里的问题在于:在质量增加中,巨大的因子是作为分母出现的,因此,(质量的)增加就太小了,而不能直接测得——即使用最灵敏的天平也测不出来。

为使质量的增加可以测出来,那每单位质量的能量的变化便要非常之大。我们只了解到一种这样数额的单位质量的能量被释放的场合,即放射性裂变。简言之,过程如此进行:具有质量 m 的原子分裂为两个以巨大的动能离开的质量为 m' 和 m'' 的原子。如果我们想象这两个质量停下来静止不动——也就是说,如果我们减损它们的运动的能量——那么,合起来考虑,它们实质上在能量上比原来的原子要少一些。根据互等性原理,裂变产物的质量总和 $m' + m''$ 肯定也会比裂变原子原来的质量 m 少——这与旧的质量守恒原理相冲突。两者的相对差约为 1/1000 的数量级。

现在，我们实际上不能逐个测得原子的重量，不过却有精确测量它们重量的间接手段。我们同样可以测定传给裂变物 m' 和 m″ 的动能。因而，检验和证实互等公式就成为可能。还有，这条定律使得我们可以从精确测得的原子的重量，预先算出恰有多少能量随着我们想象中的任一原子裂变被释放出来。当然，至于裂变反应是否能够发生或者怎样发生，这条定律谈不出什么来。

所发生的事可以借助于我们［提到］的大财主的比喻来加以说明。原子 m 是一个富有的守财奴，在其一生中未曾花费一个铜板（**能量**）。但在他的遗嘱中，他把他的财产传给他的儿子 m' 和 m″，条件是他们分出不足总量（**能量或质量**）千分之一的那么一小部分给社会。儿子们总共拥有的财富比其父要稍微少一点（**质量 m' ＋m″ 之和比放射性原子的质量 m 略少一点**）。分给社会的那部分尽管相对来说很少，却还是如此惊人地大（**作为动能来考虑**），以致罪恶的巨大威胁与之俱来。防止这种威胁已成为我们这个时代最为迫切的问题。

什么是相对论

　　我很高兴能接受你们同事的要求为《泰晤士报》写点关于相对论的东西。在过去学者之间那种主动的交流可悲地衰败了的现在，我欢迎这个向英国天文学家和物理学家们表达我的欣喜之意和感激之情的机会。杰出的科学家仍不惜花费大量的时间和辛劳，并且你们的科学院不惜任何代价，以检验一个战时在你们的敌国得以完成并发表了的理论的推断，这完全符合贵国科学工作的伟大而骄人的传统。尽管考察太阳的引力场对光线的影响是个纯客观的问题，但鉴于他们的工作，我依然忍不住要表达我个人对我的英国同事们的感谢。因为若无这一工作，我几乎不能在我活着时看到我的理论中最重要的推断被检验。

　　我们可以把物理学中的各种理论进行分类。它们中的大多数都是建构性的（constructive）。它们试图从一个相对简单的形式系统的材料出发，对更为复杂的现象构建出一幅图景来。因而气体的运动理论努力把机械运动、热运动和扩散过程都归于分子运动——即从分子运动的假设出发构建这些过程。当我们宣布我们已经成功地理解了一组自然过程时，我们不外乎是表明一个涵盖这些尚存疑问的（in question）过程的建构性理论被发现了。

与这一类最重要的理论在一起的，还有另一类，我称之为"原理理论"（principle-theories）。它们应用分析的，而非综合的方法。构成它们的基础和出发点的元素并非是假设性地被建构出来的，而是在经验中被发现了的一些东西，它们是自然过程的普遍特征，是能导出数学上用公式表示的标准的原理——独立的过程或理论表述必须满足这些标准。热力学正是从不存在永动机这个普遍的经验事实出发，利用分析的方法来推导出独立事实必须满足的必然条件。

建构性理论的长处在于其完备性、适应性和清晰性，而原理理论的长处则在于逻辑的完美和基础的坚实。

相对论属于后一类理论。为掌握其本质，首先必须熟知它所依赖的原理。不过，在我还没讲这些原理前，必须看到相对论就像一个两层的建筑，一层是狭义相对论，一层是广义相对论。作为广义相对论基础的狭义相对论适用于除引力之外的各种物理现象，广义相对论则提供了引力定律及其与其他自然力的联系。

众所周知，从古希腊时代开始，为了描述一个物体的运动，就需要有另一个为第一个物体所参照的物体。一辆车的运动被认为是相对地面而言的，一颗行星的运动是相对可见的恒星的整体而言的。在物理学中，使事件在空间上被加以参照的物体称为坐标系。例如伽利略和牛顿的力学定律只有依靠坐标系才能表示为公式。

然而，若要使力学定律成立，坐标系的运动状态便不能是任意的（它必须没有旋转和加速度）。力学中所用的坐标系被称为"惯性系"。根据力学，惯性系的运动状态不是由自然唯一决定。相反，下面的定义却是成立的：相对一个惯性系以直线匀速运动的坐标系也是惯性系。"狭义相对性原理"就意味着这个定义的推广，用以包括任何自然事件：这就是说，每个对于坐标系 C 有效的普遍自然规律，必定同样适用于相对于 C 做匀速平移运动的坐标系 C′。

狭义相对论所依赖的第二条原则，便是"真空中光速不变原理"。这条原理认为，光在真空中总是有确定的传播速度（与观察者或光源的运动无关）。物理学家们对这条原理的信任源于麦克斯韦和洛伦兹的电动力学所取得的成就。

上述两个原理都得到经验事实强有力的支持，但又似乎未能在逻辑上和谐一致。狭义相对论最终通过对运动学的修改——也就是对与空间和时间有关的规律的修改（从物理学观点看）——成功地使它们达到逻辑上的一致。这就让人明白：若不是相对于给定的坐标系而言，谈论两个事件的同时性是毫无意义的。而且，测量装置的形状及钟运动的速度都与它们相对于坐标系的运动状态有关。

洛伦兹（Hendrik Antoon Lorentz,
1853—1928）

荷兰物理学家。他的电磁辐射理
论，经塞曼的各种发现得到证明，
也促进了爱因斯坦的狭义相对论的
诞生。1902 年与塞曼共获诺贝尔
物理学奖。

　　但是旧的物理学，包括伽利略和牛顿的运动定律都不
适用于上面提到的相对论性运动学。若上述两个原理真的适
用的话，自然规律就必须遵循由后者产生出的一些普遍的数
学条件。物理学必须适应这些条件。尤其是，科学家得到了
关于（飞速运动着的）质点的一个新的运动规律，这一点已
被带电粒子的情况极好地证实。狭义相对论最重要的结果是
关于物质体系的惯性质量。它表明某体系的惯性必定有赖于
其能量含量。从而又直接导致这样一个观念：惯性质量就是
潜在的能量。质量守恒原理失去了其独立性，从而与能量守
恒原理融为一体。

　　狭义相对论本来就是麦克斯韦和洛伦兹的电动力学的

系统化发展，但它又超越了自身。难道物理规律同坐标系的运动状态无关这一点仅局限于坐标系的相互匀速平移运动吗？大自然与我们的坐标系及其运动有何相干？若是为了达到描述自然的目的，有必要选用任意导入的坐标系的话，那么这个坐标系的运动状态的选择应不受限制，而定律应完全与这种选择无关（广义相对性原理）。

由这样一个早已清楚的经验事实，即物体的重量和惯性为同一常数所控制（惯性质量和引力质量互等），广义相对性原理的建立变得容易多了。设想有一个相对于另一个在牛顿意义上惯性系做匀速转动的坐标系。按牛顿的教导，出现在该系统的离心力应当被认为是惯性的效应。但这些离心力却完全同重力一样，与物体质量成正比。在这种情况下，难道不可能吗？把坐标系看成是静止的，而把离心力看成是万有引力，这看起来显而易见，但经典力学却不允许这样。

这种过于仓促的考虑表明，广义相对论必须提供引力定律，这个观点的坚定的追随者们证明我们的愿望是合理的。

但路途比人们所想象的更为荆棘密布，因为它要求抛弃欧几里得几何。也就是说，安置在空间中的固定物体所遵循的定律与由欧几里得几何提供给那些物体的定律不完全一样，这正是我们所说的"空间曲率"的意思。因而，诸如"直线""平面"等这些基本概念，在物理学中已失去了其确切意义。

爱因斯坦与洛伦兹，埃伦费斯特摄，1921 年

在广义相对论中，关于空间和时间的学说，或称运动学，不再是与物理学的其他方面无关的了。物体的几何特性和钟的运动依赖于引力场，这些场本身又是由物质产生的。

从原理上看，新的引力理论同牛顿的理论全然不同。但其实际结果与牛顿理论的结果又如此接近，以致很难找到经验能及的标准来区别它们。迄今为止已发现的有：

（1）绕太阳的行星椭圆轨道的转动（在水星的例子中已得到证实）。

（2）引力场引起的光线弯曲（为英国人的日食照片所证实）。

（3）当光线从相当大光度的恒星传播到我们这儿时，光谱线向光谱红端偏移（至今未被证实）[①]。

该理论主要的吸引力在于其逻辑的完备性。若有一个由它得到的结论被证明是错误的，它就必须被摒弃。修改它而不破坏整个结构似乎是不可能的。

然而，不要认为牛顿的辉煌成就真的能被这种理论或任何其他理论所取代。作为自然哲学领域中我们整个现代概念结构的基础，其伟大而明晰的思想将始终保持其独特的意义。

---

① 编者按：这条标准亦已被证实。——原注。

附言：你的文章中关于我的生活及个人的说法源于作家生动的想象力。这里还有另一个相对性原理的应用以娱读者——现在我在德国被说成是"德国的学者"，但在英国我又被说成是"瑞士的犹太人"。假若我命中注定该扮演一个惹人嫌的角色（bête noire）的话，恰恰相反，我就该被德国人称之为"瑞士的犹太人"，对英国人来说，我又成了"德国的学者"。

物理学与实在

§1 关于科学方法的一般性思考

经常听到有人这样说，一个从事自然科学的人是一个很糟的（schlechter）哲学家，这显然并不是没有根据的。那么，对于物理学家来说，让哲学家做哲学反思又有何不对呢？当物理学家相信在他手头有着一套基本概念和基本规律——这些概念与规律被坚固地确立了起来，以至于怀疑的思潮不可能波及它们——的严格体系时，这种说法或许是对的；但当物理学基础本身变得像现在这样破绽百出时，这种说法就不可能正确了。像眼下这种时候，经验迫使我们寻找一个更新更坚实的基础的时候，物理学家就不能简单地把对理论基础的批判性的深沉思考交给哲学家，因为他们自己最清楚鞋在哪个地方夹脚。为了找到新的基础，他必须在自己的思想中尽力弄清楚他所用的概念究竟有多少依据，有多大的必要性。

所有科学无非是对日常思维的一种提炼。正是由于这个原因，物理学家的批判性思考就不可能仅局限于检查他自己特有的领域中的概念。不批判地思考一个更为困难的问题，即分析日常思维的本性这一问题，他就不可能向前迈步。

我们的潜意识心理的舞台上，呈现出丰富多彩的序列。它们［分别］是：感觉经验、对它们的记忆形象、表象和情感。与心理学相反，物理学仅（直接）关注感觉经验以及对它们之间的联系的"理解"。但即使是日常思维中，"真实的外部世界"这个概念亦完全依赖感觉印象。

现在我们首先注意到：感觉印象和表象是无法区别开的，或者说，至少两者的区别是不可能绝对的。由于这个问题也影响了实在的观点，我们不去关注它，而把感觉经验的存在看成是既定的，也就是说，认为它是一种特殊的心理经验。

在我看来，在建立一个"真实的外部世界"时，第一步是形成有形物体的概念和 [1] 各种不同的有形物体的概念。我们在头脑中随意地从大多数感觉经验中抽象出感觉印象中某些重复发生的复合（部分地与被解释为标志别人的感觉经验的感觉印象相结合），并且赋予它们一个概念 [2]——有形

---

[1] 德文版此处用的是 beziehungsweise 或［和］，第 64 页；而英文版直接用 and［和］。——译者。

[2] 德文版为 begriff（概念），而英文版却成了 meaning（意义），但在下面却又用了 concept。这两个词有区别。英文翻译似乎是为了避免同一个词的重复使用。——译者。

物体的概念。从逻辑上考虑，这个概念不等同于涉及的感觉印象的总和。但它是人类（或动物）精神的一种自由创造。另一方面，这个概念的意义及其辩护都完全归功于那个使我们联想起它的感觉印象的总和。

第二步会在下面的事实中被发现：在我们的思维（它决定我们的期望）中，我们赋予有形物体这一概念一个重要意义，它高度地独立于起初曾使它产生的感觉印象。这即是我们在赋予有形物体"一个真实的存在"时所表达的意思。这样构建的理由只与下列事实相依：即通过这些概念以及它们之间的心理联系，我们能够使自己在感觉印象的迷宫中找准方向。这些观念和关系，尽管是我们的思维的自由表述，对我们来说却表现得比单个感觉经验本身要更为坚实，而且更不可改变；而单个的感觉经验所不同于幻觉或错觉结果的那种特征，是永远不能完全保证的。另一方面，这些概念和关系，特别是［关于］真实的事物的假定，以及一般地说，"真实的世界"的存在，只有当它们和感觉印象相联系，在感觉印象之间形成一种心理联系时才能得以辩护。

通过思维手段（概念的运用，创立并运用概念间确定的函数关系，以及把感觉经验同这些概念对应起来），我们的全部感觉经验能被整理有序。这是一个让我们惊叹，但我们绝不可能理解的事实。人们可能会说，"世界的亘古之秘是其可理解性（comprehensibility）"。伊曼努儿·康德的一个伟大认识便是：要是没有这种可理解性，关于真实的外部世界的假定便毫无意义。

这里所谈到的可理解性，用的是它最朴素的词义。它意味着，感觉印象中的某种秩序的产生，这种秩序的产生是由普遍概念、概念间的相互联系的创立以及由概念与感觉经验的关系所产生的，这些关系是以任何可能的方式被确定的。我们的感觉经验世界能被理解，正是从这个意义上来讲的。它能被理解，这个事实是个奇迹。

在我看来，关于概念将要以何种方式被整理出来和联系起来，以及我们将如何使之与经验协调，这类问题没有什么可［先验地（apriori）］①说的。在引导我们创造感觉经验的这个秩序时，最终结果的成功是唯一决定性的因素。所有必需的是对一套规则的**陈述**，因为没有这些规则，我们便不可能获得所希望有的知识。人们可以拿这些规则与游戏规则做比较。在游戏中，虽说规则本身是随意的，但正是它们的严格性这一点使得游戏成为可能。然而，这种规定绝不会最终固定下来。它只会对于一个特定的应用领域有效（也就是不存在康德意义上的终极范畴）。

日常思维中的基本概念与感觉经验的复合之间的联系

---

① 据德文版补充。——译者。

只能被直观地理解，并且不适合于科学的逻辑规定。这些联系的全体——其中没有一个能用纯概念术语加以表达——是唯一能把科学这座大厦与逻辑的但却空空的概念框架区别开来的东西。通过这些联系，纯粹概念性的科学定理便成为对感觉经验复合的陈述。

我们应该把那些与典型的感觉经验的复合直接且直观相联系的概念称为"原始概念"。从物理学的观点来看，所有其他概念只有通过定理同原始概念相联系时，才具有意义。这些定理一部分是概念（及由它们逻辑上推导出来的陈述）的定义，一部分是不能从那些定义推导出的定理，它们至少表明了原始概念之间的间接关系，并由此表示了感觉经验之间的间接关系。后一种类型的定理是"关于实在的陈述"或自然规律，即那些在应用于为原始概念所理解的感觉经验时方显示其用途的定理。至于这些定理中哪些应被看成是定义，哪些应被看成是自然规律，这一问题主要取决于选定的表示方法。只有当人们从物理学角度来考察整个概念体系到底充实到何种程度时，才绝对有必要进行这种区别。

§2 科学体系的层次结构 [①]

科学的目的，一方面在于尽可能完备地从整体上理解感觉和经验之间的联系，而另一方面在于通过使用最少的原始概念和关系来达到这一目的（只要有可能，便力求找出世界图景中的逻辑统一，即逻辑基础的简单性 [②] ）。

科学关注原始概念的全体，即与感觉经验直接相关的概念以及把它们联系起来的定理。在其发展的第一阶级，科学没有包括任何其他东西。我们的日常思维从整体看来是满足这个水平的，但是这种事态不可能使真正具有科学头脑的人感到满意；因为这种方式所获得的概念和关系的全体完全缺乏逻辑上的统一。为弥补这种不足，人们发明了一套概念和关系较少的体系，该体系保留"第一层次"中的原始概念和关系，把它们作为逻辑上的导出概念和关系。这个新的

[①] 尽管整篇文章的内容没有多少变化，但英文和德文版的节数都不同。在英文版中，此标题是作为节下面的小标题。而在德文版中，此标题单独为一节。英文版此文共六节加上一个总结，而德文版为八节。此处据德文版改为节，以后的节数相应地改动。——译者。

[②] 此处据德文版翻译，英文翻译似乎是意译。德文版为 beziehungsweise logischer Einfachheit seiner Grundlagen，但英译为 the paucity in logic elements。问题出在对 Einfachheit（简单性）的翻译上。Paucity 是缺乏、稀少之意。——译者。

"第二体系"通过只把那些不再与感觉经验的情况直接相关的概念和关系作为自身的基本概念（第二层次中的概念），来达到其更高的逻辑上的统一。对逻辑统一性的进一步追求使我们到达第三体系，因为要推出第二层次中的（从而也就间接地推出最初层次）概念和关系，这个体系的概念和关系的数目还更少。事情就这样发展下去，直至我们达到一个这样的体系：具有最大限度的可想象的统一性及最少的逻辑基础概念，又与我们的感觉所做的观察相一致。我们还不知道，这种追求是不是就一定能得到一个决定性的体系。如果人们被问及他的意见的话，他很可能倾向于否定回答。然而当人们全力对付这个难题的时候，他们绝不会放弃如下的希望：所有目的中这个最为远大的目的真的能在很高程度上被实现。

一个抽象法或归纳法的信徒也许会以"抽象的程度"来称呼我们所分的层次。但我不认为从感觉经验中把概念的逻辑独立性掩盖起来是合理的。两者的关系并不与汤和牛肉的关系相似，相反，很类似于衣帽架的编号与大衣的关系。

此外，这些层次还没有被清楚明了地分离开，甚至哪些概念属于第一层次这一问题，也不是绝对清楚的。事实上，我们探讨的是自由形成的概念。这些对实际应用来说是具有足够确定性的概念，同感觉经验的复合直观地相联系，其联系的方式便是，对于任何一个特定的经验来说，关于某论断的适用性与不适用性都是非常确定的。重要的是如下目标：即把为数众多的接近经验的概念和定理表达为是被符合逻辑地推断出的，并且是从属于一个尽可能狭窄的有关基本概念与基本关系（公理）的基础之上的定理，而这些基本概念和基本关系自身是可以随意地加以选定的（公理）。但这种选择的自由是一种很特别的自由，它完全不同于作家写虚构小说[①]的自由，相反它更像一个忙于做一道设计巧妙的填字游戏题的人所拥有的那种自由。确实，他可以拿任一单词作答，但只有**一个**单词能真正从此题的所有形式上来解决疑难。这是下述信仰——被我们的五官所感觉到的大自然扮演着这样一个被很有系统地炮制出来的填字题的角色——的结果。迄今为止，科学所取得的成就确实给了这种信仰一定的鼓舞。

以上讨论的许多层次相应于在发展过程中由于争取统一性而产生的进步的几个阶段。对于终极目标来说，中间层次只具有暂时的性质。最终它们定会消失，与结果毫不相干。但我们又不得不同今日的科学打交道，在今日的科学中，这些层次代表了一些成问题的、并非完满的成就，这些成就互相支持却又互相威胁。因为今天的概念体系包含着一些根深蒂固的不协调之处，这一点还会在今后讲到。

---

① 德文版此处为"小说家—诗人"的自由。——译者。

下面的目的是要阐述，建构性的人类思维为得到一个在逻辑上尽可能统一的物理学基础而走过了一条什么样的道路。

§3 力学及把全部物理学基于其上的尝试 [①]

我们的感觉经验，更一般地说，我们全部的经验的一个重要性质便是其时间式的顺序。这种顺序特征引发了主观时间这一心理概念，它把我们的经验排列为一个有秩序的组合纲目（scheme）。以后我们还将看到，通过有形物体和空间的概念，主观时间导致了客观时间的概念。

不过，在客观时间的观念之前有空间的概念，而在后者之前我们发现了有形物体的概念。有形物体的概念是与感觉经验复合直接相关的。前面已指出：作为"有形物体"这个观念的典型特征是这样一种性质，它使我们把这个观念同一种存在对应起来，这种存在与一种（主观）时间无关，而且也同它是由我们的感觉所领悟的这一事实无关。我们这样做，并没理会我们察觉到其随时间的变化这一事实。庞加莱已公正地强调了这样一个事实，我们必须区分有形物体的两

---

① 英文版为第 2 节，德文版为第 3 节，此处从德文版，下同。——译者。

类变化："状态的改变"和"位置的改变"。他发现，后者是我们可以用自身的随意运动使之倒过来的那种变化。

存在这样一些有形物体，在一定的知觉范围内，我们不能说它们有状态的改变，只能说有位置的改变，这是一个对空间这一概念的形成（在一定程度上，甚至对有形物体概念本身的辩护）非常重要的事实。让我们称这种物体为"实际上刚性的"。

若我们把两个实际刚体，作为我们的知觉的对象同时加以考虑（即把它们作为一个单元），则在整体中，就存在着一些变化，它们不能被认为是整体的位置改变，尽管对两个组成成分的每一个来说，都发生了位置的变化。这便引出了两个物体"相对位置改变"的概念，还同样引出了两个物体的"相对位置"的概念。而且还发现在这些相对位置中，有一个特殊类型的相对位置，我们把这种类型的相对位置叫作"联结"[①]。两个物体在三个或多个"点"上永恒的联结也就意味着，它们被结合成为一个准刚性的组合体。可以说，第二个物体便构成了一个基于第一个物体的（准刚性的）延展，而在第二个物体上它可继续形成准刚体延展，如此类推等等。物体的准刚性的延展的可能性是不受局限的。一个物体 B_0 的可想象的准刚性的延展的实质即为其所决定的无限"空间"。

在我看来，每个处于任意状态的有形物体都能与预定并特选了的物体 B_0（关系体）的准刚性的延展发生联系，这个事实是我们的空间概念的经验基础。在前科学思考中，坚实的地壳扮演了 B_0 及其延展的角色。几何学这个名字正表明空间概念同作为指定物体的地球在心理上是联系在一起的。

"空间"这个大胆的概念发生在所有科学的几何学之前，把有形物体之间的位置关系在我们思维观念中转化成了这些有形物体在"空间"中的位置这个观念。它本身表示了

[①] 正是事物的本性使我们可以借助那些自己创造的概念，那些本身不受定义支配的概念来讨论这些对象。但我们只利用这样一些概念，它们同我们那些经验的对应关系是毫无疑问的，这一点非常重要。——原注。

形式上一个很大的简化。而且通过这种空间概念，人们还得到了这样一种看法：关于位置的任何描述都被认为是关于联结的描述。说一个有形物体被置于空间的一点 P，就意味着说，这个物体与标准参照物体 B_0（假设适当地延展了）的 P 点在这一被考察的点处相接触。

在希腊人的几何学中，空间仅起到定性的作用，因为物体相对于空间的位置被认为是给定了的，也确实是这样，不过没有用数字的方式来描述。笛卡儿是将这种方法引入几何学的第一人。用他的话来说，整个欧几里得几何的全部内容都可以公理化地建立在如下陈述之上：（1）刚体上两定点决定一段距离。（2）我们可以用一组三个数 x_1，x_2，x_3，按照如下方式来定出空间点的坐标。对于每段被考察的距离 P'—P''，其端点坐标为 x_1', x_2', x_3'；x_1'', x_2'', x_3''，表达式：

$$S^2 = (x_1'' - x_1')^2 + (x_2'' - x_2')^2 + (x_3'' - x_3')^2$$

是与物体位置无关的，并与任一物体以及所有其他物体的位置无关。

（正）数 S 表示路段的长度，或者表示空间两点 P' 和 P'' 之间的距离（此两点与路段端点 P' 和 P'' 重合）。

这个公式是刻意选定的，以使得它不仅能清晰地表达欧几里得几何学中逻辑的与公理的内容，也能清晰地表达其经验内容。欧几里得几何学的这个纯粹逻辑的（公理化的）

表达的确是有更大的简单性和清晰性的长处。不过它为此付出的代价是放弃了概念构造与感觉经验之间的联系，而几何学对物理学的意义正是建立在这个联系之上的。其中致命的错误在于认为，先于所有经验的思维的必然性是欧几里得几何的基础，而空间概念从属于它。这个错误是由下列事实引起的：欧几里得几何的公理构造所赖以存在的经验基础被忘却了。

只要人们能够谈论自然中存在着刚体，欧几里得几何就是一门物理科学，其作用只有当应用于感觉经验时才表现出来。它与所有的定律相关，而这些定律又依赖于与时间无关的刚体的相对位置。正如人们所看到的，原先在物理学中使用的空间的物理概念本身也与刚体的存在密切相关。

在物理学家看来，欧几里得几何的全部重要性就在于它的定律与物体的特定性质无关，它所讨论的是物体之间的相对位置。它在形式上的简单性是由均匀性和各向同性（以及类似的实体的存在）来刻画的。

空间的概念的确有用，但却并不是几何学本身——即刚体之间位置的规律公式表述——所必不可少的。相反，若缺少客观时间的概念，便不可能产生有关经典力学的基础的表述，而客观时间又是同空间连续的概念相联系的。

客观时间的引进包括两个互相独立的论断。

（1）通过经验的时间顺序同"时钟"的指示——即周

期循环的封闭体系——相联系，引入客观的当地时间。

（2）引入对于整个空间的各个事件的客观时间概念，按照这种观念，当地时间概念就推广为物理学中的时间观念。

先考察（1）。在我看来，当人们关注时间概念来源和经验内涵的明晰时，若他将周期循环的概念置于时间概念之前，并不意味着是预期理由（petitio principii）[①]。这种做法相当于与刚体（或准刚体）的概念在空间概念解释中的优先地位。

进一步讨论（2）。在相对论得以阐明之前，有一种假象十分流行，即从经验的观点看，关于空间上有一定距离的各个事件的同时性的意义，以及相应地物理学中的时间的意义是先天自明的。这个假象又源自我们的日常经验对光传播时间的忽略。我们已习惯于不去区分"同时看见"和"同时发生"，结果，时间和当地时间之间的差别渐渐消失了。

从经验意义的角度看，这种非明确性是与经典力学的时间概念连在一起的。把空间和时间看成是不依赖于人的感觉的公理性的表述，掩盖了这种非明确性。观念的这种使用——不依赖这些观念据以存在的经验基础，不一定会损害

---

① petitio principii，一种逻辑错误，即设想未经证明的前提是真实的，或把须证明的问题作为当然的。——译者。

科学，但它很容易让人错误地认为，这些根源已被遗忘的概念是我们思考时必需的，而且是不可改变的。这样的错误会对科学的进步构成严重的威胁。

就其经验解释而言，自早期哲学家始，客观时间概念的非明确性一直被掩盖着。就力学的发展，或者广言之，就物理学的发展而言，这又恰是一件幸事，他们充分信赖他们所发展出来的空间——时间构造的实在意义，从而发展了力学的基础。关于这个基础，我们纲要性地概括如下：

（a）质点概念：就其位置和运动而言，一个有形物体能被足够精确地以坐标 x_1，x_2，x_3 描述为点。其运动（相对于"空间"B_0）由给定的作为时间参数的 x_1，x_2，x_3 描述。

（b）惯性定律：距其他所有质点足够远的质点的分加速度将消失。

（c）（对于质点的）运动定律：力＝质量 × 加速度。

（d）（质点间的作用力和反作用力）力的定律。

其中（b）不过是（c）的一个重要特例。仅当给定力的定律后，真正的理论方能成立。为使永远互联的质点系表现得像一个质点一样，这些力就必须符合作用力和反作用力相等的定律。

这些基本定律，连同牛顿的引力定律，构成了天体力学的基础。同以上从刚体中得出的空间概念对照，在牛顿力学中，空间 B_0 是以一种含有一个新观念的形式引入

的 ①：并非对所有 B_0（对给定的力的定律来说），（b）和（c）皆适用，它们仅适用于特定运动状态的 B_0（惯性系）。基于这个事实，坐标空间就要求有一个独立的物理属性，该属性不为纯粹的几何空间概念所包含，这又为牛顿提供了可观的思想食粮（水桶实验）。②

经典力学只不过是个一般性的纲领。它只是通过力的定律（d）的清楚表达，才成为一种理论，正如牛顿在天体力学方面非常成功地做到的那样。从基础的最大逻辑简单性的这一目的考虑，此种理论的方法是不足的。因为力的定律不能从逻辑的和形式的考虑而获得，所以，力的定律的选择在很大程度上是先验任意的。同样，牛顿的引力定律之所以比其他可想象的力的定律更出色，其原因也仅在于它的**成功**。

今天，尽管我们知道经典力学已不能成为统治物理学的基础，但它在物理学中依然是我们所有的思考的中心。形成这种状况的原因在于，尽管从牛顿以来，我们取得了很多重大的进步，但我们依旧未能建立起一个新的物理学基

---

① 此处，德文原文为 "Bedeutung"，而英文译为 importance，从德文。
——译者。

② 此理论的这一缺陷唯有通过适用于所有 B_0 的力学表述式来排除。这正是导致广义相对论的步骤之一。另一个缺陷亦只有靠引入广义相对论方能排除，因为力学本身未给出质点的引力质量和惯性质量相等的理由。——原注。

础——此基础能解释所研究的现象的复杂性，并且各种成功的局部理论体系都能从逻辑上从它演绎出来。以下我将努力简要地描述事情的状况。

首先，我们要试图从我们的思想中明白：经典力学体系作为整个物理学的基础，究竟能胜任到何种程度。既然在此我们关注的仅是物理学的基础及其发展，我们就不必过分关心力学的纯粹**形式上的**进步（拉格朗日方程、正则方程等）。但有**一点**却必不可少。"质点"概念是力学的根本。若我们现在在力学中处理自身**不能当作质点**的有形物体的话——严格讲，每个"为我们所感知"的物体都属于此范畴——那么，问题就出现了：我们该如何想象不由质点组成的物体呢？我们该如何假定它们之间起作用的力？倘若力学试图**完备地**描述物体的话，这个问题便不可避免。

既然时间的变化被排除在力学诠释之外，自然就出现了力学假定质点和作用于其间的力学定律是不变的趋势。从这一点看出，经典力学会将我们引导到物质的原子论构造。现在我们非常清楚地认识到，那些相信理论来自经验归纳的理论家是何等地错误。即使是伟大的牛顿也未能逃脱这一错误。（"Hypotheses non fingo"）[1]

为防止自身陷入这条无望的（原子论的）思维模式，

---

[1] 我不做任何假设。——原注。

科学以如下方式取得进展。若作为其组态的一种函数的势能给定的话，一个力学系统就确定了。若所受的作用力能够保证维持系统组态的秩序的一定特性，那么借助于相对小的组态变量 q_r，我们就足以精确地描述该组态，而势能仅依赖于**这些**变量（例如，以六个变量描述实际刚体的组态）。

为避免把物质分成"真实的"质点，另一个应用力学的办法便是所谓连续介质力学。这种力学以下列假想为特征：物质的密度和速度对于坐标和时间的依存关系都是连续的，未明确给定的相互作用部分可考虑为表面力（压力），它又是位置的连续函数。在这里，我们发现了流体动力学理论和固体弹性理论。借助于一些假想，这些理论避免了明确地引入质点。从经典力学的基础来看，这些假想只具有近似的意义。

借助于数学的概念世界的扩展，除了其伟大的**实际**意义，科学家又创造了一些形式上的辅助性工具（偏微分方程）。这些又是为以后以一种新的、不同于牛顿的方式来表述整个物理学纲领的。

这两种力学应用模式同属于所谓的"现象论的"物理学。这种物理学的特征在于尽可能地使用接近于经验的概念。为此，它不得不在很大程度上放弃基础的统一性。人们用特定的状态变量和物质常数而不是用其力学状态，来描述热、电和光。至于如何决定各变量间的相互依赖性，又取决于经验。麦克斯韦的很多同时代人，都在这种表示方式中看到了物理学的最终目的，他们都认为，这些目的是能纯粹从经验中归纳出来的，因为这样所使用的概念相对较接近经验。从知识理论观点看，St. 密尔和 E. 马赫基本上是根据这个理由来决定他们的观点的。

在我看来，牛顿力学的最大成就在于其连贯一致的应用已超出了这种现象论的表述，尤其是在热现象领域。这表现为气体动力学理论以及一般的统计力学。前者把理想气体状态方程，气体的黏滞性、扩散和热传导，以及气体辐射度现象联系起来，并且给出这些现象的逻辑联系。而从直接经验的观点来看，它们相互之间没有一点关系。后者不仅为热力学的观念和定律提供了力学解释，而且还发现了经典的关于热的概念和定律的局限性。这种动力学理论已在逻辑统一性上远远超过了现象论的物理学，并且为原子和分子的真实大小提供了明确的数值。这个数值是由若干独立方法得出的结果，因而是毋庸置疑的。这些决定性的进展得益于把原子型的实体同质点对照起来而得到，这个实体的建构显然具有思维的特征。没人期望"直接感受"到原子。通过烦琐的计算，有关各种同实验事实更直接联系的各种变量（例如温度、压力、速度）的定律从基本观念中演绎出来了。按照这种方式，通过表明牛顿力学对原子和分子也成立，最初唯象

密尔，旧译穆勒（John Stuart Mill, 1806—1873）

英国人，政治改革家、哲学家、经济学家。

地被构造出来的物理学（至少部分如此）就被还原到一个更加远离直接实验，但在特征上却更加一致的基础上。

§4 场的概念

在解释光和电现象时，牛顿力学所取得的成就便远不如上述领域。在牛顿力学的光的微粒说中，确实想努力把光归于质点的运动。但到后来，光的偏振、衍射、干涉等现象迫使这个理论做了很多勉强的修改，这使得惠更斯的波动说得以流行。或许这种理论源于晶体光学现象和当时已在一定程度上得以详尽阐述的声学理论。必须承认的是，惠更斯的理论一开始亦是建立于经典力学之上的。无所不在的以太被假定为波的载质，但是没有任何一个已知现象能解释由质点组成的以太的结构。人们永远没有办法得到一幅约束以太的内力或以太与"有重"物质之间的起作用的力的清晰的图景。故而，这个理论的基础仍不清楚。其真正的基础为一个偏微分方程，但将其归结为力学要素总是成问题的。

对于电和磁现象的理论概念，人们又引入了一种特定的质量。并假定在此类物质间存在着类似于牛顿引力的超距力。然而，这种特殊物质又似乎缺乏惯性的基本性质。而且，作用于这类物质和有重物质之间的力依然很含糊。在这些困难上，又不得不加上此类物质的极性特征——而这又不适合经典力学的纲领。当电动力学现象为人们所熟知时，这个理论的基础仍是不令人满意的。尽管这些现象使得物理学家可以借助电动力学现象解释磁现象，并从而使磁性质量的假设成为多余。这个进步事实上是由增加相互作用力的复杂性而换取来的，在运动着的带电物体之间必须假设存在着这些力。

为避免此等难堪局面，法拉第和麦克斯韦引入了电场理论，这大概是自牛顿时代以来物理学基础所经历的最深刻的变化。同样，这个在构造性思辨方面的进步又进一步拉大了理论基础与我们感觉经验之间的距离。只有引入带电体之后，场的存在本身才能被证明。麦克斯韦的微分方程联系起电场及磁场的空间和时间微分系数，带电体质量不过是电场中的散度不为零的地方。光波显现为空间中电磁场的波动过程。

麦克斯韦仍然试图用机械的以太模型来从力学上解释他的场理论。但当海因利希·赫兹为这个理论清除掉了任何不必要的附属物之后，这种企图才逐渐消逝。因此，在这个理论中，牛顿力学中质点的基础性位置最终为场所取代。然而，在最开始，它仅应用于空虚空间中的电磁场。

起初，此理论在解释物质内部时依然不那么令人满意，因为必须引入两个与介质本质相关的电矢量，而这些关系不能为任何理论分析所导出。类似的情形也出现在磁场中，也同样出现在电场和电流密度间的关系中。

H. A. 洛伦兹在这里找到了一条出路，也引出了一条通向运动物体的电动力学之路——一种多少避免了随意假定的理论，他的理论建立在如下基本假设之上：

无论在哪里（包括在有重物体内部），场的依托是空虚空间。物质参与电磁现象的根本原因在于其基本粒子带有恒定电荷。正由于此，这些粒子一方面受着有重动力的作用，另一方面又有产生场的特性。这些基本粒子服从关于质点运动的牛顿定律。

这正是洛伦兹把牛顿力学和麦克斯韦场论综合在一起的基础。这个理论的弱点在于，它试图用偏微分方程（空虚空间的麦克斯韦场方程）和全微分方程（质点运动方程）的结合来确定现象。这显然是不自然的。为了防止粒子表面的电磁场变得无限大，必须假定微粒具有有限尺度，这又是理论的不足之处。而且，这个理论不能解释把电荷束缚于单个粒子上的巨大的力。为至少是大体上正确的解释现象，洛伦兹接受了理论上的这些不足，而他自己对于这些也很明白。

更进一步，思考便越出了洛伦兹理论的框架。在带电体的周围，存在着对它的惯性做出（表观的）贡献的磁场，那么，为何不能从电磁学的角度解释粒子的**全部**惯性呢？显然，仅当粒子为电磁偏微分方程的正则解时，问题方能得到完满解答。但麦克斯韦方程的原始形式并不允许这样一种对粒子的描述，因为与它们对应的解含有奇点。因此，理论物理学家曾长期试图对麦克斯韦方程进行修改来达到目的，但终未成功。尽管原则上是不能反对实现这个目的的可能性的，但暂时还不能建立起物质的纯电磁理论。进一步努力的障碍在于缺乏求解的系统方法。我确信，在任何自洽的场理论基础中，不应在场的概念上附加任何粒子概念。整个理论的基础应仅仅建立在偏微分方程及其非奇性解上。

§5 相对论

用归纳的方法是不可能引入物理学的基本概念的。19世纪的研究者们正是由于不理解这一点，才导致了许多哲学上的根本错误。也正是由于这个原因，才使得分子理论和麦克斯韦的理论相对出现得较晚。逻辑思维必然是建立于假设和公理基础之上的演绎性推理。而我们又怎能仅凭对结果成功的希望来选择这些假设和公理呢？

最令人满意的情形是：通过经验世界本身来确立新的基本假设。热力学以不存在永动机为基础便是依靠经验本身建立基本假设的极好例证；伽利略的惯性原理亦是如此。而且在同一范畴内，我们也发现了相对论的基本假定，这个理论导致了场论的一个意想不到的扩展，也导致了经典力学基础的被取代。

麦克斯韦－洛伦兹理论的成功为电磁方程在空虚空间的适用性提供了信心，并且，更重要的是，推出了光在"空间"以恒速 c 运动的结论。这个光速不变定律对任何一个惯性系皆适用吗？若非如此，那么一个特定的惯性系——更准确地说，是一种特定的（参考物体的）运动状态——就会同一切其他运动状态区别开来。但所有我们所知的力学的和电磁－光学的事实与上述想法相矛盾。

出于这些原因，我们便有必要把光速对所有惯性系皆相同的定律提升到原理的高度。由此推出，空间坐标 x_1，x_2，x_3 与时间坐标 x_4 间的变换必须合乎"洛伦兹变换"——其特征为表达式：

$$ds^2 = dx_1^2 + dx_2^2 + dx_3^2 - dx_4^2$$

的不变性（如果时间单位是按照使光速 $C=1$ 的方式来选取的）。

在此过程中，时间便失掉了其绝对的特征，而因其代数学的（几乎）相似的特征与"空间"坐标包含在一起。我们破坏了时间，尤其是同时性的绝对特征，而四维描述作为唯一适当的描述被引入。

为解释所有自然现象所表现的惯性系的等效性，就必须要求所有表述普遍定律的物理方程组相对洛伦兹变换具有不变性。对此要求形式的精心阐明便构成了狭义相对论的内容。

此理论同麦克斯韦方程相协调，却同经典力学的基础不符。的确，通过修改质点运动方程（质点的动量和动能的表达式也随之修改）能满足这个理论，但相互作用力概念以及由之而来的系统的势概念却成了无源之水，因为它们的基础便是绝对同时的观念。微分方程所确定的场取代了力的概念。

既然前面的理论只允许场的相互作用，它就必然要求一个引力的场理论。同牛顿理论一样，我们确实可以建立这样一个理论：在其中引力场不过是偏微分方程的标量解。但牛顿的引力理论所表述的实验事实，却导致了另一个方向，即广义相对论。

经典力学包含一个根本性的不和谐点：同一质量常数以不同的角色出现了两次，即运动定律中的"惯性质量"和引力定律中的"引力质量"。结果是：纯引力场中的物体的加速度与其质料无关，或者说，在一个**匀加速**（相对"惯性系"而言）的坐标系中，运动的行为恰如在一个均匀引力场（相对"不动"的坐标系而言）中一样。若假定两种情形的等效性是完全的，那就合乎我们的理论思考，即引力质量和惯性质量是恒等的。

由此可知，不再有任何理由把"惯性系"作为基础性原理。而且，我们必须承认坐标系的**非线性**变换（x_1, x_2, x_3, x_4）也具有互等性。如果我们对狭义相对论的坐标系做如此变换的话，那么，度规

$$ds^2 = dx_1^2 + dx_2^2 + dx_3^2 - dx_4^2$$

便成为巴勒的[1]广义（黎曼）度规：

---

[1] 此处英文本和德文本有所不同。英文为 Metric of Bane，而德文为 Metrik vom Baue。据 Schulmann 博士给我的电子邮件，英文是正确的，应是德文的排印之误，把 Bane 变成了 Baue。——译者。

$$ds^2 = g_{\mu v} dx_\mu dx_v \text{(对 μ、v 求和)}$$

这里：$g_{\mu v}$ 在 μ 和 v 中是对称的，$g_{\mu v}$ 为 $x_1 \cdots x_4$ 的某种函数，相对新的坐标系，它们同时描述度规的性质和引力场。

进一步的研究证实，前面对力学基础的解释的改进却导致了另外一个问题，即在其中，新坐标不再能像在先前体系（没有引力场的惯性系）中那样，解释为刚体或时钟测得的结果。

通过以上提到的对空间的场属性的表述的假设，借助函数 $g_{\mu v}$（即黎曼度规），便可以实现广义相对论。这在**一般**情况下也被证明是正确的，即不存在这样一个坐标系，相对于这个坐标系的度规采取狭义相对论中的简单的准欧几里得形式。

现在，坐标本身不再表达度规关系，它仅表现坐标有微小差异的被描述物间的"相邻"（neighborliness）关系。只要避开奇点，所有的变换都是被认可的。只有那些相对任意变换都具有协变性的方程，方能表述自然界的普遍规律（广义协变性假设）。

广义相对论的第一个目标是一个初步论断，它通过放弃本身作为一个封闭体系的要求，尽可能简单地与"直接可观察的事实"相联系。牛顿的引力理论便是一例，它把自身限定为纯粹引力力学。这个初步论断可刻画如下：

（1）保留质点及其质量的概念。得出一个有关它的运动定律——即用相对论的语言表述的惯性定律。此定律为一组全微分方程，以短程线为特征。

（2）取代牛顿的引力相互作用规律，我们应找到为 $g_{\mu\nu}$ 张量建立的最简单且具有广义协变性的微分方程组。它通过要求一次降秩的黎曼曲率张量的为零（$R_{\mu\nu} = O$）而得以形成。

这种阐述方式可以解决行星问题。更确切地说，它可以解决实际质量可忽略的质点在引力场中的运动，后者被假定为不动的（中心对称）质点所产生的。它不考虑"运动着"的质点对引力场的反作用，也不考虑处于中心的质量是如何形成引力场的。

与经典力学类比，表明以下方法是一条可以完善此理论的道路。人们建立了这样一个场的方程：

$$R_{ik} - \frac{1}{2}\, g_{ik}R = -T_{ik}$$

式中 R 代表黎曼曲率的标量，T_{ik} 代表现象论表述中的物质的能量张量。方程左侧已选为散度恒等于零的形式，所导致的右侧散度的消逝便形成了偏微分方程形式的物质"运动方程"。其中为描述物质，引入 T_{ik}，且只有**四个**互相独立的函数（例如，密度、压力和速度分量，而在速度分量之间存在一个恒等式，压力和密度之间又有一个状态方程）。

通过这种阐述，人们便把整个引力力学归于求一个协变偏微分方程组的解。这个理论避开了所有我们反对经典力学基础间的内在矛盾。就我们所知，对于所观察到的天体力学事实而言，它是够用的。但是它像这样一座建筑物，它的一面由精致的大理石做成（方程左边部分），另一面却由低劣的木头做成（方程右边部分）。事实上，物质的现象论的表述仅是一个粗劣的代替品而已，用以代替那种合乎物质所有已知性质的表述。

只要局限于那种没有质量物体和电密度的空间，人们便不难把麦克斯韦关于电磁场的理论同引力场的理论联系起来。他们所必须做的只是在上述方程右边的 T_{ik} 上加上空虚空间的电磁场能量张量，并且将其与修改后的以广义协变形式写成的空虚空间麦克斯韦场方程相联系。在这等条件下，在所有这些方程之间必将存在足够数量的微分恒等式，以保证它们的一致性。需要补充说明的是，整个方程组的这种必然的形式上的属性，使得 T_{ik} 的符号选择是任意的。后面我们将看到这一事实很重要。

使理论的基础到达最大可能的统一性的强烈愿望，驱使人们努力把引力场和电磁场合成为一个统一形式的图景。这里我们有必要提到卡鲁扎和克莱因的五维理论。仔细考虑之后，我觉得更有必要承认原来的理论在内部统一性上的不足，因为我认为五维理论的基本假设所包含的任意性，本质

克莱因（Christian Felix Klein，1894—1925）

德国数学家。他认为几何学就是研究在给定变换群下不变的空间性质，他的这种综合的观点对于数学的发展有深刻的影响。

上不比原来的理论少。同样的陈述可用于该理论的仿射变种上，关于这方面的阐述尤以冯·但茨克和泡利最为细致。

以上只考虑到了没有物质的场的理论。那么，以此为出发点，我们又该如何建立起关于原子构造的完善的物质理论呢？在这样的理论中，奇点是必须被排除的。否则，微分方程便不能完全确定总场。在这里，在广义相对论的场论中，我们遇到了同样的对于物质的场论表述问题，如最初我们在纯麦克斯韦理论中所遇到的一样。

很明显，我们企图不用场论来构造粒子时，同样导致了奇点。而我们为克服这个缺陷所做的努力，依然是引入新的场变量，精心阐述并扩展场方程组。但最近，我同罗森博士合作时，却发现把上述场方程和电场进行最简单的组合，

泡利（Wolfgang Pauli，1900—1958）

奥地利出生的物理学家。因发现泡利不相容原理（1925），即一个原子内不能有两个电子具有相同的状态，而获得1945年诺贝尔物理学奖。

施瓦兹希尔德（Karl Schwarzschild，1873—1916）

德国天文学家。他在实测和理论两方面的贡献对20世纪天文学的发展有极为重要的作用。第一次世界大战时，他在德军中服役，死于军中。

便能产生中心对称解，它能不带奇点地被表达出来（著名的纯引力场的施瓦兹希尔德中心对称解，以及考虑引力作用的赖斯讷电场解）。我会在下下节里简单谈它。这样，似乎有可能为物质及其相互作用建立一个纯粹的场的理论，而不必附加假设。而且，通过经验事实对其进行检验并没有什么困难，但在纯数学方面，依然困难重重。

§6 量子理论与物理学的基础

我们这一代的理论物理学家正期待着建立一套新的物理学理论基础。它所运用的基本概念当大大不同于迄今所考察的场论的概念。其原因在于，人们发现，为用数学表述所谓的量子现象，就有必要采用新的思考方法。

正如相对论所揭示的，经典力学的失败是与光速的有限速度（而避免为 ∞）相联系的，在 21 世纪初，我们又发现力学推断和实验事实之间的另一些不协调之处，这些不协调源于普朗克常数 h 为有限值（而非 0）。尤其是，分子力学要求固体的热容量和（单色的）辐射密度的减弱皆与绝对温度之减弱成**正比**；可是经验表明，它们的减弱比绝对温度减弱得快得多。为对此情形进行理论解释，就必须把力学体系的能量不取任意值，而只能取某些离散值，而这些值的数

狄拉克（P. A. M. Dirac，1902—
1984）
英国物理学家。量子力学的创始人
之一，1937 年和奥地利物理学家 E.
薛定谔共获诺贝尔物理学奖。

学表达式依赖于普朗克常数 h。而且，这个概念正是原子理
论（玻尔理论）的本质所在。这些状态之间的跃迁——无论
有还是没有辐射发射或吸收——不能给出因果定律，而只能
是统计定律。并且，在当时已被仔细研究过的原子的放射性
分解中，亦得出类似结论。物理学家花了二十多年时间去努
力为体系和现象的此类"量子特征"寻找统一的解释，但徒
劳无功。但在十年前，两套完全不同的理论方法双管齐下，
终于达成目的。一套方法来自海森伯和狄拉克，另一套则来
自德布罗意和薛定谔。而薛定谔又很快认识到了两套方法的
数学等效性。在做某些一般性思考的同时，我将在这里试图
勾勒出德布罗意和薛定谔的思路，因为他们更接近于物理学

薛定谔（Erwin Schrödinger, 1887—1961）

奥地利物理学家。和爱因斯坦、玻尔、玻恩、海森伯、泡利、德布罗意和狄拉克等人一起在 20 世纪 20 年代后期发展了量子力学。因建立描述电子和其他亚电子粒子的运动状态的波动方程，和狄拉克共获 1933 年诺贝尔物理学奖。他是一个全才式的人物，除了物理学、理论生物学的研究外，他还在儿童文学、自然科学和哲学的几乎所有重要组成部分做出过重大贡献。

家的思维方式。

　　首要的问题是：如何把能量值 H_σ 的离散序列分配给一个在经典力学意义下指定的体系（能量函数为坐标 q_r 和与之对应的动量 p_r 的给定函数）？普朗克常数 h 把频率 H_σ/h 与能量值 H_σ 联系起来。如此一来，它足以给体系一组离散的频率值。这使我们想起这样的事实：声学中亦有一套离散频率值序列与线性偏微分方程相协调（若边界值给定），即正弦周期解。以类似的方式，薛定谔试图把标量函数 Ψ 的偏微分方程与给定的能量函数 $\varepsilon(q_r, p_r)$ 对应起来，这里 q_r 和时间 t 都是独立变量。于是，他便成功地从方程的周期解令人满意地推出了对于复数值函数 Ψ 的同统

玻恩（Max Born，1882—1970）
英籍德国物理学家。因对亚原子
粒子和特性做了统计学的系统阐
述，与 W. 博特共获 1954 年度的
诺贝尔物理学奖。

计理论所要求的一样的那种能量 H_a 的理论值。

当然，我们不可能把一个质点力学意义上的确定运动同薛定谔方程的确定解 Ψ（q_r, t）联系起来。这就意味着，Ψ 函数并不决定，无论如何并不**严格地**（以时间 t 的函数）决定 q_r 的历程。但在玻恩看来，采用如下方式便可能解释清楚 Ψ 函数的物理意义：$\Psi\Psi$（复函数 Ψ 的绝对值的平方）是时间 t 时在 q_r 的位形空间中所考察点的概率密度。这样便可能以一种容易理解，但并不准确的方式表明薛定谔方程的特征：它确定了在位形空间中随时间变化的系统的统计系综的概率密度。简言之，薛定谔方程决定了 q_r 的函数 Ψ 随时间的变化。

必须提及的是：作为极限值，此理论结论中包含质点力学的结论。条件是：薛定谔问题的解中所遇到的波长是如此之小，以至于对于位形空间的一个波长的距离来说，势能的变化实际上都是无限小的。在此等条件下，以下情形便能得到证明：我们可在位形空间中选择区域 G_0，使之（在每一维上）相对波长很大，却相对位形空间的实际尺度很小。在这些条件下，便可以这样来选择 Ψ 函数，使其在初始时刻 t_0 在区域 G_0 外为零，并且依据薛定谔方程如此运动：在稍后时刻 t 它仍具有以上特性（至少近似地），只不过已由区域 G_0 到达此另一区域 G。这样，人们便可在一定近似程度上谈论整个区域 G 的运动，并且，可以将其近似处理为构成位形空间中点的运动。这样，这种运动就同经典力学方程所要求的运动相一致了。

由粒子射线产生的干涉实验显著证明了此理论所假定的运动的波动性是合乎事实的。而且，此理论轻易地成功展示了体系在外力作用下从一个量子态到另一个量子态跃迁的统计定律。而这在经典力学看来，简直是一个奇迹。其中的外力通过作为时间函数的势能的微小附加项而得以表述。在经典力学中，此类附加项仅能相应地引起体系的微小变化；但在量子力学中，它们能引起任何大小的变化，只不过概率很小。这个结论同经验达到了完美的一致。这个理论甚至提供了——至少大体上提供了一种对放射性分解定律的理解。

或许，从未有过一个理论能像量子理论这样，能对各种不同的经验现象提供解释和计算的钥匙。尽管如此，我却坚信此理论会把我们对物理学基础统一性的寻求引入歧途。因为，我认为它是对实在事物的一种**不完备**的表示，尽管它是唯一一种能够用力和质点这些基础概念建造起来的理论（对经典力学的量子修正）。然而，[①] 这种表示的不完备性必然导致规律的统计本质（不完备性）。现在我就来对此观点进行辩护。

我首先问，Ψ 函数对力学体系的实际状况的描述能到达何种程度？我们假定 Ψ_r 为薛定谔方程的周期解（以能量递增顺序排列）。我暂时不考虑单个的 Ψ_r 对物理状态描述的**完备**程度这个问题。系统先处于最低能量 ε_1 的状态 Ψ_1 中，然后在有限时间内有微小的干扰力作用于系统，在稍后的时刻，人们从薛定谔方程中得到如下形式的 Ψ 函数：

$$\Psi = \sum C_r \Psi_r$$

式中为 C_r（复）常数，若 Ψ_r 是"归一化的"，则 | C_1 | 几乎等于1， | C_2 | 等与1相比是很小的。或许有人问，Ψ 所描述的是系统的实在状态吗？若答案是肯定的，那我们除

---

① 据德文加上。——译者。

了给状态一个确定的 ^{①} 能量 ε，就不能做任何别的事。具体而言，ε 能量比 ε_1 稍大一点（在任何情况下：$\varepsilon_1 < \varepsilon < \varepsilon_2$）。若承认密立根关于电的离散本性的证明，则此假定与 J. 弗兰克和 G. 赫兹所做的电子碰撞实验相矛盾。事实上，这些实验表明：不存在位于两个量子值之间的状态的能量值。于是，函数 Ψ 无论如何也不能描述物体的均匀状态，它只是一个统计描述，其中 C_i 表示单个能量值的概率。因而，似乎很明白，玻恩对量子理论的统计解释是唯一可能的解释。Ψ 函数不能描述单个系统的状态，它涉及众多系统，即统计力学意义上的"系综"。除去一些特殊情况，若 Ψ 函数仅提供关于可测的量的**统计**数据，那么其原因不仅在于**测量操作**引入了只能由统计把握的未知量，而且在于从任何意义上讲，Ψ 函数本身不能描述一个单个系统的状态。薛定谔方程决定了系综经历的时间变化，不管单个系统是否受到了外界的作用。

这种解释亦消除了最近由我和两位合作者所说明的悖论。^{②} 这种悖论与下列问题相关。

考察一个由两个子系统 A 和 B 组成的力学系统，其中 A 和 B 仅在有限时间内发生相互作用。假定在它们发生

---

① 因为依据相对论的一个完全确定了的结论，一个完整系统（静止时）的能量等同于其（整体）惯性。但这必须有一个确定值。——原注。

② 即著名的 EPR 悖论。——译者

赫兹（Gustav Ludwig Hertz，
1887—1975）

德国物理学家。因证明原子只能
定量吸收能量的理论，与弗兰克
共获 1925 年诺贝尔物理学奖。他
是物理学家 H. R. 赫兹的侄子。

弗兰克（James Franck，1882—
1964）

德国著名物理学家。弗兰克从事
科学活动超过 60 年，其间从 20
世纪初原子物理和量子论的奠基
开始，到这些学科的研究达到精
益求精的程度为止。弗兰克基本
上是一个物理学家，但是他所从
事的关于太阳能量转变成维持地
球上生命的基本过程的研究，对
于化学与生物学分支具有深远的
影响。

EINSTEIN ATTACKS QUANTUM THEORY

Scientist and Two Colleagues Find It Is Not 'Complete' Even Though 'Correct.'

SEE FULLER ONE POSSIBLE

Believe a Whole Description of 'the Physical Reality' Can Be Provided Eventually.

1935 年 5 月 4 日,《纽约时报》首页的头条新闻标题：爱因斯坦攻击量子理论

相互作用以前 Ψ 函数已给定。薛定谔方程会提供相应作用发生后的 Ψ 函数。现在我们借助测量，尽可能完备地确定子系统 A 的物理状态。那么，量子力学使我们可以通过已做的测量和整个系统的 Ψ 函数确定子系统 B 的 Ψ 函数。此种方法的结果又依赖于用于测定 A 状态的量究竟是哪一个（比如是坐标，或动量）。由于在相互作用后，B 仅有一种物理状态，而它又显然不能被考虑为依赖于独立于 B 的对 A 系统的测量。那么，结论便是：Ψ 函数不是与物理状态明确对应的。多个 Ψ 函数与 B 系统同一物理状态的这种对应关系，再次表明 Ψ 函数不能被理解为单个系统物理状态的一

种（完备的）描述。这里，同样是 Ψ 函数与系综的对应关系消除了每一个困难。[1]

量子力学用这样一种简单的方法，提供了从一个状态到另一个状态的（表现的）不连续性跃迁的论断，而实际上却没有对特定过程给出描述。此事实又同如下事实相关，即这个理论实际上并不处理单个系统，而是处理所有系统的总和。在我们的第一个例子中，系数 C_r 在外力作用下实际上只会发生很小的变化。借助量子力学的这种解释，人们便能理解为何该理论容易解释下列事实：微弱的扰动能引起系统物理状态的任意数量的变化。此类微弱的扰动的确只能导致系综的**统计密度**的小变动，以及 Ψ 函数的极为微小的变化，而它们的数学描述，同那个有关单个系统中的部分所经历的非无限小变化的数学描述相比，遇到的困难要少许多。以此种模式考虑，单个系统中发生的一切，完全不为人知；统计的思考方式又从表述中完全排除了这个不可思议之事。

但现在我要问：难道真有物理学家相信我们将永远不能洞察这些单个系统的结构及其因果关联中的重要变化，而不管由于威尔逊云雾室和盖革计数器这些不可思议的发明已把这些单个事件展现在我们面前这一事实吗？要相信这一

---

[1] 例如，测量 A 的操作包括对稍狭隘的系综的跃迁。后者（因而它的 Ψ 函数也一样）又取决于使系综缩小所依据的观念。——原注。

点，在逻辑上是可能的，不会有矛盾。但是这与我的科学本能矛盾，我决不能放弃对更完备的概念的寻求。

在此等考虑之外，我们还应加上另一类考虑，它们对量子力学方法能为整个物理学提供有用基础这一想法表示不满。在薛定谔方程里，绝对时间和势能具有决定性的意义；但这两个概念被相对论认为在原则上是不允许的。若想摆脱此困难，就必须把这个理论建立在场和场定律的基础之上，以取代基于相互作用力的理论。这便引导我们把量子力学的统计方法用于场——具有无限自由度的系统。尽管迄今为止所做的努力被限于线性方程，而我们从广义相对论的结果所知，这还是不够的，但这种独创性的努力所建立起的复杂性已令人瞠目结舌。倘若遵循广义相对论的要求的话，这种复杂性一定还会大大增加，而对这种要求的辩护在原则上是没有人能怀疑的。

从所有在微小尺度上出现的事情都具有分子结构这一观点来看，引入空间和时间连续区是违背自然的，这一点已有人指明。有人指出，或许海森伯方法的成功指明了一个描述自然的纯代数方法，即在物理学中排除连续函数。那么，我们不得不从原则上放弃空间—时间连续区的观念。人类的智慧或许会在某一天发现使我们沿着这条道路前进的方法，并非是不可想象的；但是现在，这种计划有点像企图在真空中呼吸一样。

盖革（Hans Geiger，1882—1945）
德国物理学家，创造了第一个成功
的探测器（盖革计数器）来探测单
个的 α 粒子和其他电离辐射。

毋庸置疑，量子力学已抓住了真理的一部分美妙的因素，它将成为未来的任何理论基础的试金石。今后的基础必须能够推出它以作为极限情形，正如从麦克斯韦电磁场中推导出静电学，从经典力学中推导出热力学一样。但我不认为量子力学能作为对此基础寻求的**起点**，正如我们不能从热力学（对应于统计力学）中推出力学基础一样。

有鉴于这种状况，似乎完全有理由慎重考虑如下问题：场物理的基础是不是用**任何**方法也不能同量子理论的事实协调一致？场论难道不是合乎当今数学表述可能性，适应广义相对论要求的唯一基础吗？当今的物理学家普遍认为这种企图毫无希望。这种信念的根源可能在于一个无根据的想法，即认为这个理论在第一级近似上能导出微粒运动的经典力学方程，或者至少是全微分方程。事实上迄今为止，我们从未能以不带奇点的场对微粒进行理论表述，并且我们从未能从先验上断定这类实体的任何行为。但有**一件事**是肯定的：如果有一种场论对微粒最终导出了不带奇点的表述的话，那么，这些微粒在时间上的行为便由场的微分方程唯一确定。

§7 相对论与微粒

现在我要表明的是：依据广义相对论，场方程中存在着能用来表述微粒的非奇性解。这里我仅限于中性微粒，一方面由于在我和罗森博士合作出版的另一篇文章里对此已有详细的阐述；再者，这种情况能够完善地表明问题的本质所在。

引力场是完全由张量 $g_{\mu\nu}$ 来描述的，在三指标符号 $\Gamma_{\mu\nu\sigma}$（原文为 $\Gamma_{\mu\nu}^{\sigma}$，疑误。——译者）中，也出现了逆变量 $g_{\mu\nu}$，其定义为 $g_{\mu\nu}$ 被行列式 g（$=g_{\alpha\beta}$）所除得的等式。为保证 R_{ik} 能够定义并且是非无限小，除要求在连续统的每一部分周围存在一个坐标体系使得 $g_{\mu\nu}$ 及其一级微商是连续、可微之外，还必须要求行列式 g 在任何地方都不为 0。若以 $g_2 R_{ik} =$

0 替代微分方程 $R_{ik}=0$，就可去掉最后一个限制。前式左边为 g_{ik} 及其导数的有理整函数。

施瓦兹希尔德表明此方程有中心对称解：

$$\mathrm{d}s^2=-\frac{1}{1-2m/r}\,dr^2-r^2\,(\,d\theta^2+\sin^2\theta d\varphi^2\,)+(\,1-\frac{2m}{r}\,)\,\mathrm{d}t^2$$

此解在 $r=2m$ 处有奇点，因为 dr^2 的系数（即 g_{11}）在这个超曲面上趋向无限。但是若我们用 ρ 替代变量 r，其中 ρ 由下列方程定义，

$$\rho^2=r-2m$$

则可得到：

$$\mathrm{d}s^2=-4\,(\,2m+\rho^2\,)d\rho^2-(\,2m+\rho^2\,)^2\,(\,d\theta^2+\sin^2\theta d\varphi^2\,)+\frac{\rho^2}{2m+\rho^2}\,\mathrm{d}t^2$$

此解对 ρ 的任何值都是正则的。确实，当 $\rho=0$ 时，$\mathrm{d}t^2$ 的系数（即 g_{44}）趋于 0，这会导致行列式 g 在此值上趋于 0；但是，若写出实际采用的场方程，它并不构成奇点。

若 ρ 从 $-\infty$ 到 $+\infty$，则 r 取值便从 $+\infty$ 到 $r=2m$，然后又回到 $+\infty$；没有对应于 $r<2m$ 的 ρ 实值。若把物理空间表述为由超曲面 $\rho=0$（即 $r=2m$）邻接的两个相同的"壳"组成，在这个超曲面上，行列式 g 为 0，施瓦兹希尔德解便成为正则解。让我们称这两（相同的）壳间的联系为"桥"。因此，在有限范围里两壳间桥的存在，便相当于以不

带奇点方式所描述的中性物质微粒的存在。

解决中性微粒运动的问题，显然相当于去发现引力方程（写成不含分母的形式）含有桥的解。

前述的观念先验地对应于物质的原子论结构，因为"桥"本质上是个离散元素。而且，中性微粒的质量常数 m 必须为正，因为没有一个不带奇点的解能同负质量的施瓦兹希尔德解相对应。只有考察多桥问题，才能表明此理论方法是否能解释为经验所展示的自然界中微粒质量的互等性，以及它是否说明了那些已为量子力学所绝妙理解的事实。

类似地，我们可以证明引力方程和电方程的组合（在引力方程中恰当选择电元素取的正负号）导出了电微粒的不带奇点的桥的表述。这类最简单的解为没有引力质量的电微粒的解。

从物理学家的角度看，我们一天不能解决关于多桥问题解的重要数学困难，我们就一天不能谈论这个理论的用处。但是事实上，它却是把一种可能解释物质性质的场论不断加以精致阐明的第一次努力。为了支持这种努力，人们必要再加上一句：它是基于目前我们所知的最简洁的相对论性的场方程之上的。

§8 概述

物理学形成了一套不断进化的逻辑的思维体系，其基础不能由任何归纳法从经验中提取，而只能通过自由创造获得。这个体系的正当性（真理内容）在于其在感觉经验基础上导出的定理的有用性，而后者与前者的关系只能直觉地理解。进化的方向是朝不断增加逻辑基础的简单性的方向迈进的。为进一步接近这个目的，我们必须决心接受下列事实：逻辑基础离经验事实越来越远，而从根本基础通向那些与感觉经验相关联的推论的道路变得越来越艰难漫长。

我们的目的在于尽可能简短地描绘出基本概念是如何依赖于经验事实和为达到体系内部完美所做的努力而发展起来的。这些考虑是为了说明我所见到的当今的状况。（框架性的历史表述不可避免地具有个人色彩）。

我试图展示有形物体、空间、主客观时间等概念是如何互相关联的，又是如何与经验本性相关联的。在经典力学中，空间和时间这两个概念是独立的。有形物体的概念在这个基础上被质点概念所代替，这就意味着力学基本上成了原子论性的。当人们试图把力学变为所有物理学的基础时，光和电又为其制造了不可逾越的困难。我们因而引入了电的场论，以及后来试图把场概念作为物理学的整个基础的努力

（在试图同经典力学妥协之后）。这种努力又导致了相对论（空间和时间概念进化到具有度规结构连续统概念）。

进一步，我试图证明，为何在我看来量子理论不会为物理学提供一个可用的基础：当有人试图把理论的量子描述成单个物理系统或事件的**完备**描述时，他就会陷入矛盾之中。

另一方面，迄今为止，场论还不能为物质的分子结构及量子现象提供解释。然而，人们已经表明，认为场论不能以其方法为这些问题提供一个解决方案的信念，不过是源于偏见。

理论物理学的基础

科学是这样一种努力，它把我们纷繁芜杂的感觉经验与一种逻辑上连贯一致的思想体系对应起来。在这个体系中，单个的经验与理论结构必须以如下方式联系：必须使所得到的对应结果（the resulting coordination）是单一的，并且是令人信服的。

感觉经验是当下的主观感受（subject-matter），但用来解释感觉经验的理论却是人造的。而这理论又是不辞劳苦地适应过程的结果：假设性的、永不完满的结论，更有常遇到的困难和怀疑。

形成概念的科学方式有别于我们日常生活中形成概念的方式，这种区别并非是本质上的，而是在概念和结论上有更为精确的定义，需要对实验材料进行更费力、更系统的选择，亦需要更大的逻辑上的简单性［经济］。最后这一点，我们是指这样一种努力，它要把一切概念和相互关系都归结为尽可能少的逻辑上独立的基本概念和公理。

我们这里所涉及的物理学，包括各种在测量基础上建立其概念的自然科学。这些概念和命题使得它们自己能用数学方式加以阐释。相应地，它的领域就被定义为我们的全部知识中那些能用数学方式加以描述的部分。随着科学的进步，物理学的领域是如此庞大，以至于看起来它只受这种方法自身局限的限制。

物理学的研究大部分集中于物理学不同分支的发展。每一分支学科的目的是对或多或少有一定局限的经验做出理论上的理解。并且每一分支学科中的定律和概念尽可能地与经验相联系。正是这样一门科学，因其不断专业化，已使最近几个世纪的实际生活发生了革命，并且使人类最终有可能从沉重的体力劳动的苦役中解脱出来。

但在另一方面，从一开始，人们就试图找到各个单个学科的一个共用的理论基础，它包含最少的概念和基本关系，并且从它那里，可以通过逻辑过程导出各个分支学科的所有概念和关系。这就是我们之所以要通过研究找出物理学的基础的本意所在。认为这个终极目标是可以实现的，这一忠诚的信念是研究者们充满生气的热情奉献的主要源泉。正是在这种意义上，下面专门讨论物理学的基础。

从上面所说的，我们可以清楚地看到：这里的"基础"这个词，并不意味着与建筑物的基础在所有方面有类似之处。当然，从逻辑上看，物理学的各个单个的定律皆建立于这种基础之上。然而，一个建筑物可以被暴风雨或洪水严重毁坏，而其根基完好无损；但在科学方面，逻辑基础经常受到新的经验和知识的威胁，它比同实验有较密切接触的学科承受着更大的危险。正是在基础与各个分支学科之间存在的联系使它有着巨大的意义，但同样，面对新因素时，它有着更大的危险。当我们认识到这些的时候，我们不禁想知道，为何所谓的物理科学的革命时代并不见得比实际情形发生更加经常、更加彻底的基础改变。

最先尝试建立一个统一的理论基础的是牛顿的工作。在他的体系中，一切可以归纳为以下概念：（1）质量不变的质点；（2）任一对质点间的超距作用；（3）质点的运动规律。严格讲，这并非涵盖一切的基础。它只对引力的超距作用给出了明确的定律。而对于其他超距作用，除了作用与反作用相等这条定律之外，并没有先验地确立任何东西。而且，牛顿也完全意识到，在他的体系中，时间和空间作为物理学上有效的因素是本质上的因素，尽管他只是通过暗示表明了这一点。

直到19世纪末，牛顿的理论基础还被证明是卓有成效的，并被认为是最终的基础。它不仅在细节上给出了天体运动的结果，而且提供了不连续和连续介质力学的理论，提出了能量守恒原理的简单解释，提出了完整而杰出的热理论。但在其体系中，对电动力学事实的解释则是比较牵强附会的。在所有一切中，从最初起，最不能令人信服的是关于光的理论的解释。

　　毫不奇怪，牛顿不愿接受光的波动理论，因为这个理论非常不适合他的理论基础。假设空气中充满了由质点组成的介质，而该介质只是传播波而不展示其他力学性质，这对于他而言，是相当不自然的。对光的波动性质的最强有力的经验证据：固定的传播速度、干涉、衍射、偏振等现象，要么是未知的，要么未被有序地综合起来。所以，他有理由坚持自己的光的微粒理论。

　　在 19 世纪里，争论解决了，人们赞同波动理论。但没人对物理学的力学基础进行根本性的怀疑，因为起先人们不知道在哪里建立另一种基础。慢慢地，在事实的不可抗拒的压力下，才有人提出了新的物理学基础：场物理学。

　　从牛顿时代起，人们不断发现，超距理论是不自然的。并不缺乏用动力学理论解释引力的努力，即建立在假想质点上的碰撞力的解释，但这种尝试是肤浅的，并且毫无成果。空间（或惯性系）在力学基础中所扮演的奇特角色也逐渐被清楚认识，并且受到恩斯特·马赫异常明晰的批判。

　　真正巨大的变化是由法拉第、麦克斯韦和赫兹带来的，但实际上他们这样做是半无意识的，并且是违背自己意愿的。他们三人终其一生都坚信自己是力学理论的信徒。赫兹发现了电磁场方程的最简单形式，并且宣称任何导致这些方程的理论均为麦克斯韦理论。但在其短暂的生命即将结束之

马赫（Ernst Mach，1838—1916）
奥地利物理学家和哲学家，他提
出了光学、力学和波的动力学的
许多重要原理。在哲学上，他支
持如下主张：所有的知识乃是感官
经验（或观察）材料的概念综合。

际，他写了一篇论文，在论文中，他提出了一种与力的概念
无关的力学理论作为物理学的基础。

对我们而言，早已把法拉第的一些观念像母乳一样接
受了，所以很难赞赏他们的伟大和冒险精神。法拉第一定
准确无误地抓住了所有将电磁现象归于带电粒子间超距作
用的企图的非自然的本质。分散于纸上的大量铁屑中的单
个粒子又是如何知道来回运动于附近导体中一个个的带电
粒子？所有这些带电粒子合在一起好像在周围空间中产生
了一种新的状况，这种状态使铁屑按一定的顺序排列。他
确信，若其几何结构和互相依存的作用一旦被正确掌握，
那么这种空间状况——今天我们称之为场——将为神秘的

汤姆逊（Sir Joseph John Thomson, 1856—1940）

英国物理学家。他发现了电子，从而推动了原子结构知识的革命。

电磁作用提供线索。他把这些场设想为充满空间的介质的力学应变状态，它类似于弹性体扩张时的应变状态。因为在那个时候，对于这些在空间里明显地连续分布空间的状态，这是仅有的可以设想的方式。在这个背景保留的是对场的这种特殊形式的力学理解——从法拉第时代的力学的传统观点看，这是对科学意识的一种安抚。依靠这些新的场的观点，法拉第成功地形成了他和他的前辈所发现的整个复杂电磁现象的定性概念。对场的空间—时间定律做出精确阐述的是麦克斯韦。我们可以想象一下，当他所阐述的微分方程证明电磁场以偏振波的形式以光速传播时，他是何等的感受呀！世上很少有人体验到这种感受。在那激动人心的时刻，他肯定没有想到光的那些似乎是已被完全解决的而又难以捉摸的性质会继续困惑着随后的几代人。同时，他的天才迫使他的同事在概念上所做的跳跃是如此之大，以致物理学家们花了几十年的工夫，才理解麦克斯韦发现的全部含义。直到当赫兹用实验证实了麦克斯韦电磁波的存在之后，对这个新理论的抵制才被彻底打垮。

但是，如果电磁场能够作为一种波独立于物质源之外，那么静电的相互作用再也不能用超距作用来解释，对于电学的作用是正确的东西，对于引力的作用也就不能否定了。牛顿的超距作用到处都得让路于以有限速度传播的场。

在牛顿的基础上，现在仅剩下服从于运动定律的质点。但是 J. J. 汤姆逊指出：依据麦克斯韦理论，电场中带电体的运动必然产生磁场，磁场能量恰是物体动能的增量。若一部分动能由场能组成，那么会不会整体动能也是这样，抑或物质最本质的性质——它的惯性能够在场论中得到解释？这就引起了用场论来说明物质的问题，它的答案会提供物质原子结构的解释。人们马上意识到，麦克斯韦理论不能实现这个纲领。从那时起，有许多科学家热情地通过对包含物质理论的推广来寻找完整的场论，但都徒劳无功。要创立一个理论，仅仅有一个关于目标的清晰想法是不够的，还必须提出一个形式观点，以便能限制没有制约的各种可能性。一直到目前为止，这种观点还没有被找到。因此，场论未能成功地提供整个物理学的基础。

好几十年来，大多数物理学家都相信可以为麦克斯韦理论找到力学根基。他们的努力都失败了，这使得他们逐步将新的场的概念作为不可归约的基础接受了——换言之，物理学家放弃力学基础的想法。

这样一来，物理学家就坚持了场论纲领，但它不能被称为基础，因为没有人能说出是否有一个统一的场论能够一方面解释引力，而另一方面也能解释物质的基本组成成分。在此情形下，就有必要把物质粒子看成是服从牛顿运动定律的质点。这正是洛伦兹创立其电子理论和运动物体的电磁现象理论的步骤。

这便是在世纪之交时基本概念所处的状况。当时在对各种新现象的理论洞察和解释方面，取得了巨大的进展；但要建立统一的物理学基础，则看起来实在相当遥远。后来的发展更加剧了这种状况。21 世纪物理学的发展以两个本质上相互独立的理论体系为特征：相对论和量子论。这两种体系彼此不直接矛盾，但是它们看起来几乎不可能融于一个统一的理论中。我们有必要简短地讨论一下它们各自的基本思路。

在世纪之交的时候，从逻辑经济的角度进行的物理学基础的改进导致了相对论的产生。所谓狭义的或有限制的相对论的基础是麦克斯韦方程（以及光在空虚空间中的传播定律）在进行洛伦兹变换后，能转化为同一种形式。麦克斯韦方程的这种形式上的性质又为我们一个牢固的经验知识所补充，这就是：物理规律对所有惯性系都是一样的。这便导致了用于空间和时间坐标的洛伦兹变换决定了从一个惯性系到任何其他惯性系的转化。相应地，狭义相对论的内容可以归结为一句话：一切自然规律必定受到这样的限制，使它们对于洛伦兹变换都是协变的。由此可以得出：不同地点事件的同时性不是一个不变的概念，并且，刚体的尺寸和时钟的速度取决于它们的运动状态。进一步，它又使得当给定物体的速度与光速相比不算小时，必须对牛顿的运动定律进行修正。接下来的是质能相当原理，即质量和能量的守恒定律融为一体。一旦表明同时性是相对的并且依赖于参照系时，在物理学基础中保留超距作用的可能性就都消失了，因为这个概念是以同时性的绝对性（必须有可能"同时"表明两个互相作用质点的位置）为前提的。

广义相对论最开始是为了尝试解释一个现象，此现象在伽利略和牛顿时代便已为人知，但至今理论上的解释仍令人困惑：物体的惯性和重量，它们在本质上是截然不同的事情，却可以用同一常数——质量——加以量度。从这种对应关系中，人们就得出：对于一个给定的坐标系，我们不可能通过实验来确认它到底是在做加速运动，还是做匀速直线运动，而其中观察到的现象则是由引力场引起的（这便是广义相对论的等效原则）。一旦引入了引力，惯性系的概念便被粉碎了。可以这样说，惯性系是伽利略－牛顿力学的弱点所在，因为它事先假设了物理空间的一个神秘的性质，来限制惯性定律和牛顿运动规律能适用的坐标系的种类。

这些困难可以通过以下假设相应避免：对自然规律可以用下列方式来表述——它们的形式对于任何运动状态的坐标系都是相同的。实现这一点正是广义相对论的任务所在。另一方面，我们从狭义相对论中推断，时间—空间连续区中黎曼度规的存在。根据等效原理，它不仅描述引力场，而且描述空间的度规性质。假设引力场方程为二阶微分，那么场定律便可明确确定下来。

除开这个结果，这个理论还使场物理学从它所不能解决的问题中解脱出来。这个问题与牛顿力学中的类似，是由于把那些独立的物理性质附加于空间而导致的，而这些性质迄今为止由于惯性系的使用而被掩盖。但是，我们又不能断言，广义相对论那些迄今已被公认为是定论的东西，能为物理学提供一个完整而令人满意的基础。首先，出现在其中的总场是由两个逻辑上毫无联系的部分组成，即引力场和电磁场。其次，与早些时候的场论一样，这个理论迄今未能对物质的原子论性结构提出解释。这个失败，可能与它至今未能有助于理解量子现象有关。考虑这些现象时，物理学家被迫采用一些全新的方法。现在我们就来讨论这些新方法的基本特征。

　　1900 年，在纯理论研究的过程中，马克斯·普朗克[①] 做出了一个非常杰出的发现：作为温度函数的物体辐射定律不能仅从麦克斯韦的电动力学中推导出来。为了得到符合相关实验的结果，具有一定频率的辐射必须被处理成好像是由一些能量原子构成，而单个能量原子所具有的能量为 hv，其中 h 是普朗克的普适常数。在随后的几年中，发现光无论在哪里都以此能量份额被产生和吸收。尤其是尼尔斯·玻尔[②] 通过假定原子只存在不连续的能量值，并且在不同能级间不连续的跃迁都是与此能量子的发射和吸收相联系的，他能够大致理解原子的结构。这有助于说明如下事实，即：在气态时，元素及其化合物只辐射和吸收某些完全确定频率的光。所有这些在之前存在着的理论框架中是相当不可理喻的，但至少这一点是清楚的，即在原子现象领域中，发生的每一件事情的特征，都是由分离状态及它们之间的明显的不连续跃

---

① 普朗克（Max Planck，1858—1947），德国物理学家，量子物理学的开创者和奠基人，1918 年诺贝尔物理学奖获得者。从 1930 年起，任威廉皇帝学会，即后来的马克斯·普朗克学会主席。1946 年任学会名誉主席。——译者。

② 玻尔（Niels Bohr，1885—1962），丹麦物理学家。最先把量子论应用到原子结构的研究中，对量子物理学做出过重大贡献。在将近 50 年间，一直是量子物理学的主导人物。他因对原子结构的研究而获得 1922 年诺贝尔物理学奖。他的著作全集已由戈革教授译成中文出版。——译者。

德布罗意（Louis-Victor duc de Broglie, 1892—1980）

法国理论物理学家，首先提出电子和原子中的其他物质组分都具有波动性的理论，荣获 1929 年诺贝尔物理学奖。

迁所决定的。而这其中，普朗克常数 h 起着决定性的作用。

接下来的工作是德布罗意做的。他向自己提出如下问题：如何用现有的概念来理解分离的状态。他想起了同驻波的类比，就如在声学中风琴管和弦的本征频率的情形那样。的确，这里所需要的这种波的作用尚未明了，但它们可以被构造出来，而且可以应用普朗克常数 h 建立起它们的数学定律。德布罗意设想，电子像这种假想的波列一样绕原子核旋转，并且通过对应波的驻波性质，对玻尔的"允许"轨道的离散性在某种程度上有所理解。

现在，在力学中质点的运动是由作用于其上的力或力场决定的。因此，可以预料：这些力场也会以类似的方法影

伽莫夫（Georg Gamov, 1904—
1968）

乌克兰出生的美国核物理学家和
宇宙学家。因倡导宇宙"大爆
炸"学说而闻名。此外，他对脱
氧核糖核酸（DNA）的研究也对
现代遗传学有根本性的贡献。

响德布罗意的波场。埃尔温·薛定谔表明了该如何考虑这种
影响，他用一种天才的方式重新解释了经典力学中的一些公
式。在没有附加任何假设的情况下，他甚至成功扩展了波动
力学理论。这个理论可应用于包含任意数目质点的任何力学
体系，也就是说包含任意数目的自由度。这些均是可能的，
因为一个包含 n 个质点的体系，从数学上说在一定程度上等
同于一个在 3n 维空间中的运动的单个质点。

　　在这个理论基础上，得到了对各类不同事实的好得令
人诧异的描述。这些事实，在其他理论中是完全不可理喻
的。但令人奇怪的是，在如下问题上它又是失败的：它证明
了不可能把薛定谔波同质点的确定运动相联系——但这一点

海森伯（Werner Heisenberg, 1901—1976）

德国物理学家，哲学家和社会活动家。为创立量子力学做出了卓越贡献，提出了著名的"测不准原理"。1932 年获得诺贝尔物理学奖，被公认为 20 世纪最具创新的思想家之一。

却正是整个结构的最初目的。

这个困难似乎是难以逾越的，但玻恩以一种谁也未曾料到的简单方法克服了它。德布罗意—薛定谔波场不可能解释为一种关于一个事件如何在空间和时间中实际发生的数学描述，尽管它们确与这样的事件有关。更确切地说，它们是我们关于这个系统实际所知道的东西的数学描述。它们只能用来对我们这个系统所能进行的所有测量结果进行统计上的陈述和预测。

下面，让我用一个简单的例子来说明量子力学的这些普遍特征：先假设一个由于有限强度的力作用而在一个限定局域 G 内的质点。若该质点的动能低于某一限值，那么依据经典力学，它永远不会离开区域 G。但是依据量子力学，此质点在经过一段不能直接预测的时间之后，可能在一个不可预测的方向上离开该区域，逃逸到周围空间。根据伽莫夫的观点，这便是放射性蜕变的一个简化模型。

量子理论对此情形的解释如下：在时间 t_0，薛定谔波系完全在区域 G 内，但从 t_0 时刻起，这些波在所有方向上离开 G 的内部。比较于原来 G 内波系的振幅，射出波的振幅要小一些。这些射出波扩散得越远，G 内波的振幅减少就越多；相应地，从 G 中射出波的强度亦越来越小。只有经过无限时间后，G 内的波才被耗光，同时，射出波不断扩散到更大的空间中去。

但是，这种波动过程与我们最初所关心的事物——G 中的粒子又有何关系呢？为回答这个问题，我们必须想象一些装置，以使得我们可以对粒子进行测量。例如，我们不妨假想在周围空间中的某处有一个屏幕，粒子一旦与之接触便黏附其上。然后，根据波撞击到屏上一个点的强度，我们可以推出粒子当时撞击到屏上这一点的概率。一旦粒子撞上屏上的任何一个特定点，整个波场就立即失去了其全部物理意义：它的唯一目的便是对粒子撞屏的位置和时间（或比如它撞屏时的动量）做出概率预测。

所有其他情形均类似。这个理论的目的在于决定系统在确定时间的测量结果的概率。另一方面，它没有试图对空间和时间中的实际存在着的或者进行着的事情做出数学表述。在这一点上，今天的量子理论与以往的物理学——力学以及场论——的所有理论在根本上有所不同。它不是为实际的空间—时间事件提供模型描述，而是以时间函数给出可能测量的概率分布。

必须承认的是，新的理论概念并非源于异想天开，而是源于事实经验的压力。所在企图直接以空间—时间模型来表述光和物质现象所展示的粒子和波动特征的努力，到目前为止均以失败告终。并且海森伯已令人信服地表明，从经验观点看，任何可作为自然的严格决定论性结构的结论已被表明，从经验观点看，任何可作为自然的严格决定论性结构的结论已被明确排除了，因为我们的实验仪器的原子性的结构。因而，任何未来的知识也不可能迫使我们放弃现在的统计理论基础，转而支持直接处理物理实在的决定论性理论。这个问题在逻辑上似乎提供了两种可能性，原则上我们就在两者之间进行选择。归根结底，做出选择依凭的是，哪种描述产生的表述方式从逻辑上讲符合最简单的基础。现在，我们尚没有一种可以直接描述事件本身并合乎事实的决定性的理论。

目前，我们不得不承认，我们尚不具备任何全面的物理学的理论基础，可被称为物理学的逻辑基础。至今为止，在分子领域，场论是失败的。各方面都认为，现在唯一可做量子理论基础的原理，应是一种能把场论翻译成统计学形式的原理。但这种理论实际上是否能以一种满意的方式得出来，没人敢下结论。

　　一些物理学家，包括我自己都不相信，我们必须确实并且永远地抛弃那种在空间和时间中直接表示物理实在的想法；或者说，我们必须接受下面的观点：自然界中的事件都类似于机会［掷色子］①游戏。每个人都可自由地选择其奋斗方向；而且我们每个人都可以从莱辛的名言中得到安慰：追求真理本身比占有真理更为可贵。

---

　　①　此处德文版用的 Würfelspiel（掷色子游戏）。——译者。

科学的共同语言

形成语言的第一步是将声音上或在其他方面可交流的符号与感觉印象联系起来。很有可能，所有的群居动物都已达到了这种原始的交流——至少在某种程度上。当更深层的符号被引入或理解时，则取得了更高的发展。这些更深层次的符号使那些表示感觉印象的符号之间相互建立了联系。在这一阶段，已有可能报道一系列多少有点复杂的现象，我们便可以说，语言已经形成了。如果语言的目的最终是为了带来理解的话，那么一方面，必须有一些有关符号之间关系的规则，另一方面，又必须存在符号和印象之间的稳定的对应关系。以共同语言进行联系的个人，在孩提时代，主要是靠直觉掌握这些规则和关系。当人们开始意识到考察符号之间关系的规则时，所谓的语法就建立了。

在早期阶段，文字可能直接与感觉印象对应。但到后来，这种直接的联系消失了，以至于有些单词只有与别的词（如"是""或者""事物"等词）连用时才能表达知觉之间

（perceptions）的关系。那么，指示知觉的是词组而不是单个词语。当语言部分地独立于其感觉印象背景时，便获得了较大的内在一致性。

只有在这个进一步的发展阶段，频繁地使用所谓的抽象概念时，语言才成为真正意义上的推理工具。也正是这种发展使得语言成为谬误和欺诈的危险来源。一切均依赖于单词及词组与印象世界相一致的程度。

是什么使得语言和思维之间产生如此密切的联系的呢？是否存在不使用语言的思维，即不一定需要用词来表达的概念和概念组合中，是不是就没有思维？对于我们中的每一个人而言，是否经历过"事物"间的关系已很明了，却又要斟酌用词的时刻？

倘若一个人不需要其所处环境的语言引导而形成或有可能形成自己的概念，那我们会趋向于认为思维的活动是与语言完全无关的。但是，在此条件下长大的人，精神状态很可能非常贫乏。因此，我们可以给出结论：一个人的智力发展以及其形成概念的方式在很大程度上依赖于语言。这使我们认识到，在多大程度上，相同的语言意味着相同的精神状况。所以从这个意义上讲，语言和思维是连成一体的。

是什么把科学语言同我们日常理解的语言区别开来的？科学语言的国际性又是一种怎样的情形呢？就科学概念

之间的相互关系及其与感觉经验的对应关系而言，科学追求的目标是，达到概念的最大限度的准确性和明晰性。我们不妨以欧几里得几何学和代数学的语言为例。它们所运用的是少数几个独立引入的概念、相关的符号，如整数、直线、点以及指明基本运算的符号，这些基本运算亦即那些基本概念之间的联系。这便是整个构造——相应地定义所有其他陈述和概念——的基础。以概念和陈述为一方，感觉材料为另一方，两者之间的关系是通过计算和测量的行动建立的，而计算与测量的工作已得到足够好的确定。

科学概念和科学语言的超国家性在于它们是由所有国家和所有时代的最杰出的头脑所创造的。通过单独的，但就最终结果而言却是努力合作的工作，他们为技术革命创立了精神工具，从而改变了最近几个世纪人类的生活。在知觉的无序的混乱中，借助于他们的概念体系的指导，我们才能从特殊的观察中掌握普遍的真理。

对于人类而言，科学方法所隐含的希望和忧虑又是什么呢？我并不认为这是提出问题的正确方法。这个工具在人的手中能产生什么样的后果，完全取决于人类所向往的目标的性质。只要这些目标存在，科学方法就将提供手段来实现它们。但它不可能提供这些目标本身。倘若没有了追求确定理解的热情，不仅科学方法将一事无成，甚至它本身都不会诞生。

在我看来，手段的完美和目标的混乱是我们时代的特征。倘若我们真诚并且热情地渴望着安全、幸福和所有人的才智的充分发展的话，我们并不缺少手段来接近这些目标。即使只有一小部分人为此目标而奋斗，这些目标的优越性也将最终证明自身。

科学定律与伦理准则

    科学寻求的是那些被认为是独立存在于单独的探索者之外的关系。这包含了把人本身作为研究对象的情形。科学陈述的对象还可以是由我们把自己创造出来的概念，如在数学中就是这样。这些概念不必假设为对应于外部世界的任何物体。然而，所有的科学陈述和定律都有一个共同特点：它们是"真的或者假的"（即适当的或不适当的），粗略地讲，我们对它们的反应"是"或者"不是"。

    科学的思维方式有一个更深层次的特点。即用以建立这个连贯一致的体系的概念不带有感情色彩。对科学家而言，只有"存在"，没有什么愿望，没有什么价值，没有善，没有恶，也没有目的。只要我们停留在科学本身的领域之内，我们就不会遇到"你不应撒谎"之类的句子。对于探索真理的科学家，这便有点类似于清教徒的限制：他必须远离任何出于意愿或情感的事物。顺便说一句，这个特征是缓慢发展的结果，是西方现代思想所特有的。

    从这一点上看，逻辑思维好像与伦理学无关。的确，对事实或关系的科学陈述不能直接产生伦理准则，但伦理准则可以通过逻辑思考和经验知识变成合理的、连贯一致的。假若我们能够接受一些基本的伦理学命题，则另外的一些伦理学命题可由它们导出，只要初始前提陈述得足够严谨。那么，这些伦理前提在伦理学中所扮演的角色便类似于公理在数学中的角色。

这便是我们根本不觉得类似于"为什么我们不应撒谎"之类的问题毫无意义的原因。我们之所以觉得这类问题是有意义的，是因为在所有这类问题的讨论中，一些伦理前提已被想当然地接受了。当我们成功地将这一伦理学准则追溯到这些基本前提时，我们就会感到满意。在关于撒谎的例子中，追溯的过程可能是这样的：撒谎破坏了对别人陈述的信任，若没有了这种信任，社会合作会变得不可能或者至少是很困难；要使人类生活成为可能并且过得去的话，就必须有社会合作。这就意味着我们已将"你不应撒谎"这条准则追溯到了"人类生活应受到保护"和"痛苦和悲哀应尽可能减少"的要求。

但是，这些伦理学公理的根源又是什么呢？它们是任意的吗？它们是建立在权威的基础上，抑或源于人类的经验并间接地受经验限制？

从纯逻辑上讲，所有公理均是任意的，伦理学公理亦不例外。但从心理学和遗传学的观点看，它们又绝不是任意的。它们源于我们天性中的避免痛苦和免遭灭亡的倾向，源于个人对其周围人的行为所积累起来的情感反应。

只有由具有灵性的个人所体现的人类道德天才，才有幸提出如此全面而且基础牢固的伦理学公理，以致人们在大量独立情感经历中将其作为依据接受了。伦理学公理的建立和检验与科学公理没有什么不同。真理是那些经得起经验考验的东西。

质能互等式的一个初步推导

下面的有关质能相当性的推导，以前未曾发表过，它有两个优点。尽管它利用了狭义相对论的原理，但并没有利用此理论的形式结构，它只是应用了以下三个先前已知的原理：

（1）动量守恒原理。

（2）辐射压力的表示式，即沿固定方向运动的一组辐射的动量。

（3）著名的光行差的表示式（地球运动对恒星表观位置的影响——布拉德雷）。

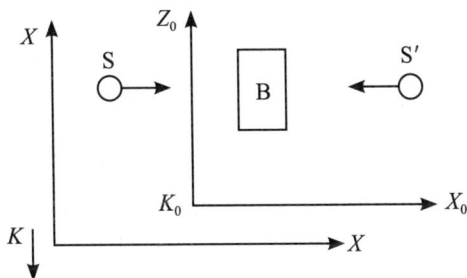

现在考察上面的体系，设 B 物体在空间中 K_0 相对系统自由静止。两组能量均为 $E/2$ 的辐射 S 和 S′ 分别在轴的正负 X_0 方向做相向运动，并最终被 B 吸收。随能量的吸收，B 的能量增加 E，又由于对称性，物体 B 关于 K_0 系静止。

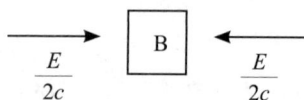

现在我们相对 K 系考察同一过程。K 在 Z_0 轴负方向相对 K_0 做匀速运动。相对 K 而言，该过程的描述如下：

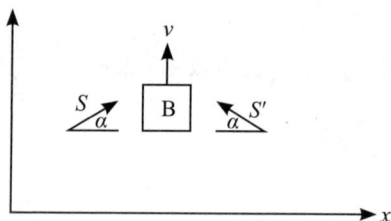

物体 B 在 Z 轴正方向以速度 V 做匀速运动。两组辐射的运动方向相对 x 坐标轴产生了偏角 α，光行差定律表明，在一级近似下，有 $\alpha = c/v$，其中 c 为光速。由相对 K_0 的考察中，我们知道在吸收 S 和 S′ 后，B 的速度依然保持 v 不变。

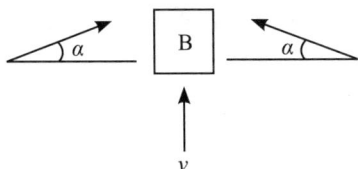

我们现在把关于 Z 方向的动量守恒定律应用到 K 坐标系中的我们这个体系。

Ⅰ：在吸收前，令 B 的质量为 M，Mv 便是 B 的动量表达式（依据经典力学）。每一组辐射能量为 $\dfrac{E}{2}$，由麦克斯韦理论的一个著名结论可知，其动量为 $\dfrac{E}{2c}$。严格地讲，这是 S 相对于 K_0 的动量。然而，当 v 相对 c 很小时，相对 K 的动量还是一样的。（除了一个二级数量，$\dfrac{v^2}{c^2}$ 比 1）。Z 方向的动量分量为 $\dfrac{E}{2c}\sin\alpha$，或者说 $\dfrac{E}{2c}\,\alpha$ 或 $\dfrac{E}{2}\cdot\dfrac{v}{c^2}$ 已具备足够的精确性（除了高级量）。S 和 S' 在 Z 方向上动量和为 $E\dfrac{v}{c^2}$。那么，在吸收前系统总动量为：

$$Mv + \frac{E}{c^2}\cdot v$$

Ⅱ：吸收之后，设 B 的质量为 M'。这里我们预计这一可能性：物体 B 在吸收能量 E 后质量可增加（这对于我们最终结果的一致性来讲是必要的），系统吸收后的动量为 $M'v$。

139

现在我们假定动量守恒定律成立，并将其应用于 Z 方向，得出方程：

$$Mv + \frac{E}{c^2} v = M'v$$

或

$$M' - M = \frac{E}{c^2}$$

该方程表述了质能相当性。能量增量 E 与质量增量 $\frac{E}{c^2}$ 就相关了。根据通常的定义，能量还留下一个附加的常数未定，我们可以恰当选取这个常数，使得：

$$E = mc^2$$

公共事务

1931 年 1 月，爱因斯坦与卓别林一起出席《城市之光》在好莱坞的首映式

为什么社会主义

　　一个不是研究经济与社会问题的专家却要对社会主义这一主题发表意见，这样做合适吗？我有诸多理由相信答案是肯定的。

　　首先，让我们从科学知识的观点来考虑这个问题。可能给人这样一种感觉，天文学与经济学之间似乎不存在基本方法论方面的差别：两个领域的科学家都试图发现适用于特定范围内的现象和可以被普遍接受的规律，以使人们对这些现象之间的相互联系获得最大限度的清晰的理解。然而，从现实角度讲，这种方法论上的差别的确存在。经济现象得以发生的环境经常受到许多难以分开进行评估的因素的影响，使得发现经济学领域的一般规律变得很困难。而且，众所周知，从人类历史上所谓文明时代开始以来所积累的经验在很大程度上受到从性质上讲绝不是经济因素的影响与限制。例如，历史上大多数主要国家都是通过征服得以存在。征服民族使自己在法律上、经济上成为被征服国家的特权阶级。他们垄断了土地所有权并从他们自己的阶级中任命教职人员。

索尔斯坦·凡勃伦（Thorstein Veblen，1857—1929）

美国经济学家，社会哲学家。挪威移民的后代，在耶鲁大学获哲学博士学位，曾先后在芝加哥大学、密苏里大学、斯坦福大学任教。并在将近十年的时间内担任《政治经济学杂志》主编。他以对现代商业经济理论的贡献而著称于世。

这些控制了教育大权的教职人员使社会的阶级分化成为永恒的制度，而且创造出一套价值体系。从那时起，人民的社会活动一直受到这套价值体系的引导，尽管在很大程度上是不自觉的。

然而，历史传统可以说是昨天的陈迹。而我们从未真正超越索尔斯坦·凡勃伦称之为的人类发展的"掠夺阶段"。可以观察到的经济事实就属于这一阶段的产物，甚至我们从这些事实可以得出的规律也不能适用于其他阶段。既然社会主义的真正目的恰恰在于克服并超越人类发展的掠夺阶段，那么现阶段的经济科学几乎无法说明未来的社会主义社会。

其次，社会主义追求一种社会—伦理目的。但科学本身并不能创造目的，更无法将它们灌输给人们。科学至多只能提供达到特定目的的手段。而目的自身则是由那些具有高尚的道德理想的人物构想出来的，并且——只要这些目的没有胎死腹中，而是充满活力——就会被那些自觉不自觉地决定着缓慢的社会进程的人们所接受并得到进一步发展。

基于这些原因，在涉及人性问题时，我们应该保持谨慎的态度，不能高估科学与科学方法的作用；也不应该认为只有专家才有权在影响社会组织问题上发表见解。

一段时间以前，曾有过不计其数的如下声音：人类社会正在经历一场危机，它的稳定性已经受到严重的动摇。这种状况的特征在于，个人对他们所属的或大或小的团体采取了一种可有可无，甚至敌视的态度。为了阐明我的观点，请允许我写下一段个人经历。最近我与一位聪明并且脾气很好的人讨论一场新战争的威胁问题。在我看来，这场战争将危及人类的生存，我提到，只有建立一个超国家组织才能使人类免受这一危险。听了我的话，我的客人以一种非常沉着冷静的口气对我说："你为什么如此强烈地反对人类的毁灭？"

我确信，即使在一个世纪前也不会有人如此轻率地做出这样的论断。这是一个努力使自己内心保持平衡却徒劳无获，而且或多或少丧失了成功希望的人做出的论断。它表示了当今这个时代许多人都在经受着的一种痛苦的孤寂。那么这是什么原因造成的？如何摆脱它呢？

提出这样的问题很容易，而给出具有任何把握的答案却很困难。尽管如此，我仍然必须尽我的全力，虽然我很清楚，我们的感情与追求经常互相矛盾，模糊不清而且无法用简单明了的公式加以表述。

人在同一个时刻既是一个孤独的人，又是一种社会的人。作为一个孤独的人，他试图确保自己以及与他最亲近的人的生存，满足他的个人欲望，发展他天赋的才能；作为一个社会的人，他试图获得其他人的认可与好感，分享他们的快乐，在他们悲伤时给以安慰并改善他们的生活条件。正是因为存在着这些多种多样、频繁发生冲突的追求，才决定了人类的特殊性质，而它们在每个人身上的具体结合决定了一个人能够在多大程度上实现内心的平衡并为社会福利做出贡献。这两种驱动力的相对强弱很可能主要由遗传因素决定。但人格的最终形成在相当大的程度上取决于一个人的成长环境，他所处的社会结构、社会传统以及它对特定种类的行为做出的评价。对人来说，作为抽象概念的"社会"意味着他与同时代人以及所有前代人发生的直接或间接关系的总和。虽然个人凭借自身就可以进行思考、感觉、追求与工作；但他在物质、精神与情感生活方面如此严重地依赖于社会，以至于无法想象或者理解一个人能够生活于社会的框架之外。是"社会"为人类提供了食、衣、住、劳动工具、语言、思维方式以及大部分的思想内容；只有依靠隐藏在"社会"这一小小的名词背后的无数过去与现在人们的劳动和取得的成就，个人的生活才有可能。

因此，显而易见，个人对社会的依赖是一种无法剥夺的天性——正如蚂蚁与蜜蜂的情况一样。然而，与蚂蚁及蜜蜂的整个生命过程完全取决于不变的遗传本能不同，人类的社会形态以及相互联系是非常富于变化的。记忆力、重新组合的能力以及口头交谈的天赋使不受生物必然性左右的人类发展成为可能。这种发展表现在传统、制度和组织上面；表现在文学、科学与工程方面的成就上；表现在艺术作品上。这就解释了人类如何能够在某种意义上通过自己的行为影响自己的生活，以及在这一过程中，自觉的思考与愿望又是如何发挥一定作用的。

人类在出生时就通过遗传获得了一种我们必须认为是固定且不可变更的生物学上的成分，包括组成人类这一物种特征的自然冲动。此外，人在一生中通过交往以及受到许多其他形式的影响又从社会获得了一种文化成分。这种随着时间推移不断发生变化的文化成分在很大程度上决定着个人与社会的关系。现代人类学通过对所谓原始文化的比较研究已经向我们表明：受社会中占主导地位的文化模式与组织类型的决定，人的社会行为具有重大差别。那些试图改善人类命运的人就是将希望建立在这一基础上：人类不会因他们的生物特性相互残杀以及任由残酷且咎由自取的命运摆布而受到谴责。

如果我们自问为了使人类的生活尽可能称心如意，应该如何改变社会结构及人类的文化态度，那么我们应该始终意识到有些状况我们是无法改变的。正如上面提到的，人类的生物本性实际上是不能改变的。而且，近几个世纪以来，技术与人口的发展已经创造出我们目前的生存环境，并已保留下来。在相对密集的定居人口中，为了确保他们持续生存所必需的物品，高度的劳动分工与高度集中的生产组织是绝对必要的。那种个人或相对较小的群体可以完全自给自足的时代——回想起来，真如世外桃源一般——已经永远一去不复返了。认为当今人类甚至组成了一个遍布全球的生产消费的团体，并无多少夸张成分。

至此为止，我可以简要地表述一下在我看来构成我们这个时代危机实质的东西。它涉及个人与社会的关系。个人已经比过去任何时候都更加意识到对社会的依赖性。但他并没有体验到，这种依赖性不是一种确定的财富，一种有机的联系或一种保护性力量，反而把它看成是对他的自然权利甚至经济生存的一种威胁。不仅如此，他在社会中处于这样的境况：他本性中的利己主义倾向不断被突出出来，而生性虚弱的社会性倾向却日渐衰退。所有人都在经历这一衰退过程，不论他们处于何种社会地位，在不知不觉中他们成了自身利己主义的囚徒，并感到不安全、孤独，觉得被剥夺了天真单纯而质朴的生活情趣。人类只有将自己投身到社会中才能在短暂而危险的一生中找到意义。

在我看来，资本主义社会当前存在的经济无政府主义是罪恶的真正渊薮。在我们面前，我们看到一个巨大的生产者团体，这一团体的成员为了互相剥夺各自的集体劳动的果实而不停地争斗着——不是依靠能力，而是总的说来，严格地遵照依法确立的规则。在这方面，认识到以下事实显得很重要：生产资料——就是说，为生产消费资料以及附加的生产资料而必需的全部生产能力——可以合法地而且大部分情况下已经成为私有财产。

为了简洁起见，在下面的讨论中，我把那些不分享生产资料所有权的人都称为"工人"——虽然这不太符合这一名词通常的用法。生产资料的所有者处于购买工人劳动力的地位。通过使用生产资料，工人生产出成为资本家财产的新产品。这一过程的关键之处在于工人生产出的产品与他获得的报酬在从实际价值的角度进行衡量时所发生的对比关系。就劳务合同是"自由的"这一点而言，工人获得的报酬不是由他生产出的商品的实际价值决定的，而是取决于他的最低需要，以及资本家对劳动力的需求同就业竞争的工人数量的关系。即使从理论上讲，工人的报酬也不是由他生产出的产品的价值决定的，理解到这一点很重要。

私人资本很容易集中到少数人手中，这部分是由于资本家之间的竞争，部分由于技术进步与日益增长的劳动分工，以牺牲小的生产单位为代价推动了更大的生产单位的形成。这些发展的后果是出现了私人资本的寡头政治，它巨大的权力即使在通过民主方式组织起来的政治社会中也无法受到有效的制约。这种情况是真实存在的，因为立法机构的成员是由一些政党选举产生的，而这些政党又主要由那些实际上将选民与立法机构隔离开的私人资本家提供资金或者受他们影响。这样做的后果是人民的代表事实上并没有充分保护无特权者的利益。而且，在现存的条件下，私人资本家不可避免地直接或间接地控制着信息的主要来源（新闻、广播、教育）。这样，公民个人想得出客观的结论以及明智地运用自己的政治权利是极端困难的，而且事实上在大多数情况下是根本不可能的。

对于一个以资本的私人所有为基础的经济制度，可以用两条原则来描述它的基本情况：第一，生产资料（资本）由私人所有，所有者可以按照自己认为适合的方式对它们进行处置；第二，劳务合同是自由的。当然，从这个意义上讲，也就不存在一个纯粹的资本主义社会了。特别应该注意，工人们经过长期严酷的斗争，已经成功地为某些部门的工人赢得了形式上多少有点改善的自由劳务合同。然而，从整体上看，当今的经济制度与"纯粹的"资本主义并无多少区别。

生产的目的不是为了使用，而是为了赢利。并不存在如下法规：所有有能力且愿意工作的人总能找到工作。"失业大军"几乎一直存在。工人无时不在担心失去工作。因为失业工人以及低薪工人不能提供一个有利可图的市场，消费品的生产就受到限制并导致严重的困境。技术进步往往导致更多的失业，而不是为所有人减轻工作负担。赢利动机与资本家之间的竞争结合起来，共同导致资本积累与使用之间发生不稳定，引起越来越严重的经济萧条。无限制的竞争导致了劳动力的巨大浪费，并摧残了个人的社会意识，这些我在前面已经提到过。

在我看来，这种对个人的摧残是资本主义最严重的弊病。我们整个教育体制都深受其害。人们把过分夸张的竞争意识灌输给学生，并培养他对富有掠夺性的成功顶礼膜拜，以此作为他未来生活的准备。

我确信，要消除这些危害严重的弊病只有**一条**可行之路，那就是建立社会主义经济，并配之以追求社会目标为导向的教育体制。在这一经济制度下，生产资料由社会本身所有，并采用计划的形式加以利用，使生产适应社会需要的计划经济将在那些有劳动能力的人当中分配工作，并确保所有男人、女人、孩子的生存需要。对个人的教育，除了要增进他天赋的能力外，还要试图培养他对其他人的责任感以取代我们当今社会中对权力与成功的赞美。

然而，有必要记住，计划经济还不是社会主义。这种计划经济也可能同时带来对个人彻底的奴役。社会主义的实现需要以一些极端困难的社会－政治问题获得解决为条件：考虑到影响广泛的政治经济权力的高度集中化，如何能够防止官僚的权力无限膨胀而凌驾于人民之上，如何保护个人的权利以及如何确保利用民主力量与官僚的权力相抗衡？

黑人问题

　　我是作为一个在美国与你们共同生活仅仅十年多一点时间的人来写这篇文章的。同时，我也是怀着一种严肃的、告诫的态度从事写作的。许多读者可能要问："对那些仅与我们有关，而初来乍到者不应过问的事情，他有什么发言权呢？"

　　我认为，这样的立场是站不住脚的，在某种环境下成长起来的人会把许多事情都看作是理所当然的。而与此相反，一个来到这个国家时已届成年的人会对一切与众不同且富有特色的事物具有敏锐的观察。我相信，他应当坦白地讲出他看到以及感受到的东西。因为通过这种方式，他也许能够证明自己是有价值的。

　　促使一个初来乍到者迅速献身于这个国家的是人民当中的那种民主特性。我并不想在此谈论这个国家的民主政体，尽管它应该受到高度赞扬。我关注的是个人之间的关系，以及他们彼此之间所持的态度。

　　在美国，人人都确信自己作为个人的价值。没有人在别人或其他阶级面前低三下四。甚至巨大的贫富悬殊，少数人的特权也不能减损这种健康的自信以及与生俱来的对同胞的尊严的尊重。

然而，美国人的社会景观中有一个污点。他们的平等与人性尊严的观念主要限于白种人。甚至在白种人中间也存在着偏见。作为一个犹太人，我可以清楚地意识到这一点。然而，相对于"白人"对他们肤色较深的同胞，特别是黑人的态度，这些偏见也就显得微不足道了。我越感到自己是一个美国人，这种状况就越触痛我。我只有把它说出来，才能摆脱同案犯的感觉。

许多诚实的人会做出这样的回答：我们对黑人的态度是与黑人共同生活在这个国家的过程中发生的不愉快的经历造成的。他们在理智、责任感、可靠性方面无法与我们相提并论。

我坚决相信，无论谁接受了这个观点都是由于一种致命的误解造成的。你们的祖辈利用暴力把这些黑人从他们的家园里掠夺出来；在白人追求财富与安逸生活时，他们却受着残酷地压迫与剥削，沦为奴隶。当代对黑人的偏见就是希望维持这种可耻局面的结果。

古希腊人也有奴隶。他们不是黑人，而是战争中被俘获的白人。因此也就谈不上种族差别了。然而，亚里士多德——一个伟大的希腊哲学家却宣称，奴隶是被别人光明正大地征服并剥夺了自由的低等人。很清楚，他也陷入了传统的偏见之中，他那超凡的智慧仍然无法使他从中摆脱出来。

我们对待事物的态度在很大程度上是由我们孩提时不自觉地从周围环境中接受的观点与情感决定的。换句话说，除了遗传的天赋与品质外，是传统使我们成为现在的样子。我们只是在极少情况下才会认识到，与传统的强大影响力相比，我们的自觉的思维对我们的行动与观念的影响是多么微不足道。

轻视传统当然是愚蠢的，但是如果我们要使人与人之间的关系不断朝着好的方向变化，那么随着我们与日俱增的自觉性的不断提高和理智的不断提升，我们必须开始控制传统并对它采取一种批判的态度。我们应当尽力认识到，在我们所接受的传统中，哪些对我们的命运与尊严具有破坏作用——从而相应塑造了我们的生活。

我相信，任何怀着诚实的态度努力考虑问题的人都会很快认识到，对黑人的传统偏见是多么可耻又是多么有害。

然而，与这种根深蒂固的偏见做斗争，善良的人又应该怎么办呢？ 他必须通过身体力行来树立榜样，必须警惕他的孩子受到这一种族偏见的影响。

我不相信有迅速治愈这个顽疾的办法。但在这一目标实现前，对于一个正直而善良的人来说，没有什么比认识到他为服务于这一正义的事业而献出了全部精力更令人满意的了。

科学与社会

　　科学通过两种方式影响人类事务。第一种方式所有人都很熟悉：科学直接地，更大程度上是间接地生产出完全改变了人类生活的工具。第二种方式带有教育性质——它作用于人的心灵。尽管粗略地说，它似乎不很明显，但确实与第一种方式的影响一样深刻。

　　科学最明显的实际效果在于它使发明那些会使生活丰富多彩的事物成为可能，尽管与此同时使生活变得复杂起来——例如蒸汽机、铁路、电力与电灯、电报、无线电、汽车、飞机、炸药等各种发明。除此之外，还应加上生物学与医学在维持生命方面取得的成就，特别是止痛药的生产与贮存食物的防腐措施。在我看来，所有这些发明使人类享受到的最大实际利益，应该是它们使人类摆脱了极其繁重的体力劳动，而这种劳动曾是勉强维持生存所不可或缺的。如果今天我们可以宣称奴隶制已被根除，那么，我们应将这归功于科学的实际效果。

　　另一方面，技术——或者应用科学——却使人类面临极为严重的问题。人类能否继续生存，取决于这些问题能否圆满解决。这事关创造一种社会制度与传统的问题，没有这种制度与传统，新的工具就不可避免地带来最严重的困难。

机械化的生产手段在一个无组织的经济中已产生了如下后果：很大一部分人已不再为商品生产所必需，并因此被排除于经济循环过程之外。这一情况的直接后果就是购买力的减弱与过度竞争导致的劳动力贬值。而这又引起间隔越来越短的商品生产的严重瘫痪的危机。另一方面，生产资料的所有权带来了政治制度的传统保护者所无法抗衡的一种力量。人类为了适应新的环境陷入了一场斗争——一场可能会带来真正解放的斗争，只要我们这一代显示出我们可以担当起这一使命。

技术还缩短了距离，并创造出新的具有非凡效力的破坏工具，它们被掌握在主张技术不受限制的、行动自由的国家手中，这就成为人类安全与生存的威胁。这种状况要求我们整个行星存在一个独一无二的司法行政机构，而这种中央权威机构的创设受到了民族传统的极力反对。于是，我们又处于一场斗争中，这一斗争的结果将决定我们所有人的命运。

最后，通信工具——印刷文字的复制过程与无线电——在同现代化武器结合起来时，就使肉体与灵魂被置于一个中央权威机构的奴役之下成为可能——这就是人类的第三种危险来源。现代的暴政以及它们的破坏作用清楚地表明，我们远没有为了人类的利益有组织地利用这些成果。这里的情况同样需要一种国际解决方案，然而这一方案的心理基础还未建立起来。

现在让我们转过头来看看科学在理智上产生的效应。在前科学时代，仅凭思考是无法获得全人类都认为是确凿无疑且是必然的结论的。更不用提自然界发生的一切都受不可抗拒的规律支配这一观点了。原始的观测者所看到的自然规律的一些支离破碎的特征只能培养一种对鬼神的信仰。因此，甚至在今天，原始人也会生活在无休止的恐惧中，担心超自然的并且专横的力量会干扰他的命运。

科学通过作用于人类的心灵，克服了人类在面对自己及面对自然时的不安全感。这一点使科学保持了不朽的荣誉。希腊人在创造初等数学时最先设计出一种思维体系，它的结论是任何人都不可逃避的。随后，文艺复兴时期的科学家巧妙地将系统的实验与数学方法结合起来。这一结合，使人们有可能对自然规律做出极为精确的阐述，并确保通过经验对这些规律进行检验的做法具有高度的确定性，这导致了自然科学中的观点不再存在发生基本分歧的余地。从那时起，每一代人都使知识与理解的遗产有所增益，而丝毫不存在可能危及整个结构的危险。

普通公众也许只能在有限的程度上注意科学研究的细节，但这至少显示出一个伟大而重要的收获：相信人的思维是可信赖的，自然规律是放之四海而皆准的（universal）。

迈向一个世界政府^①

与芝加哥大学此处^②三名学生的一席谈话给我留下了深刻的印象，它向我表明，一种责任感与主动精神正在这个国家的年青一代身上发生作用。这些学生意识到新一代人的命运将在这几年间被决定。他们决心在自己能力限度内尽量影响事态的发展。

目前的形势如何呢？技术以及战争工具的发展似乎已使我们这颗行星缩小了。经济上的相互联系促使各国之间远比过去更加休戚相关。现在拥有的破坏性武器使地球上不存在任何一块可以免于突然性的总毁灭的地方。逃脱这一命运的唯一希望在于通过超国家的方式来确保和平。必须创建一个能够通过司法仲裁解决国家间冲突的世界政府。这个政府必须建立在所有政府与国家都一致同意的含义明确的宪章基础上，并由该宪章赋予其对进攻性武器的唯一处置权。任何

---

① 德文版标题为《一个世界政府的必要性》(*Die Notwendigkeit elner Weltregierung*)，S.135。——译者。

② 德文版为"贵校"，语气上与发表演讲相符。——译者。

个人或国家只有自愿将军事力量交与这个国际权威机构，并放弃任何利用武力在国外攫取利益的企图，甚至包括达到这一目的的工具，才能被认为是爱好和平的。

很显然，在第二次世界大战结束以后的第一年里，政治关系的发展绝对没有使我们更接近这个目标。目前的联合国不具备实现国际安全的军事力量与法律基础。同时它也未考虑到现实中的权力分配状况。真正的权力至今仍掌握在少数国家手中。毫不夸张地讲，现实问题的解决完全取决于这个国家[①]与俄国[②]在广泛的基础上达成协议。因为，如果取得了这样的协议，仅凭这两个大国就能够使其他国家在建立保证所有国家利益的军事安全所必需的限度内，放弃它们的主权。

目前，许多人会说在当前形势下与俄国达成基本协议是不可能的。如果美国在过去的一年中确实表明了朝这一方向努力的认真的意图，那么以上观点还是成立的。然而，我看到相反的情况发生了。没有必要不顾俄国的反对接纳法西斯的阿根廷进入联合国。没有必要在一个短期内不存在可预测的军事威胁的年度里，丝毫不减少新原子弹的制造并拨款 120 亿美元用于防务。也没有必要推迟已提议的反对佛朗

---

① 此处显然指美国。——译者。

② 文中"俄国""苏联"均根据爱因斯坦写作的原文翻译。——译注

160

哥①的西班牙的措施。在此没有必要回顾众多细节，以表明我们未采取任何措施以减轻俄国的不信任。考虑到最近几十年发生的事件，这种不信任感很容易理解，而且对于它的产生，我们要负很大的责任。

永久的和平不能依靠威胁，而只能通过诚恳的努力创造共同信任关系来实现。人们应当设想，所有人都希望在这颗行星上创造一种体面的生活方式并避免无法形容的毁灭危险，而这一希望将克制处于责任地位的人们心中的狂热。但我的年轻朋友们，你们不能依靠这种假设。祝愿你们成功地从这个方面激励年轻的一代，以使他们为一个建立在广泛基础上的和平政策而努力。这样，你们不仅能够成功地保护自己，而且能够比以前任何一代人都更好地为你们的国家与后代服务。

---

① 佛朗哥（Francisco Franco Bahamonde，1892—1975），西班牙国家元首（1939—1975），长枪党首领，法西斯军事独裁者。——译者。

出 路

原子弹的制造已经带来了如下后果：所有生活在城市里的人们随时随地受到突然毁灭的威胁。毫无疑问，人类如果想证明自己至少在一定程度上无愧于人类这一自封的称号，那么就必须清除这种状况。然而，为了实现渴望已久的安全，历史上形成的传统的社会与政治模式必须在多大程度上做出牺牲，人们对此还存在广泛的分歧意见。

第一次世界大战后，我们在解决国际冲突的问题上面临一种自相矛盾的（paradoxical）局面。为了在国际法的基础上和平解决这些冲突，我们建立起国际法院。为了能够通过国际谈判来确保和平，一种以国际联盟形式出现的某种世界议会的政治工具又被创造出来。统一在联盟之中的国家又进一步将采取战争手段解决冲突的方法界定为犯罪行为。

这样，各国被灌输了一种安全的幻想，而这只能不可避免地带来痛苦的失望。国际法院如果没有权威性与权力做后盾以执行它的决定，只能是毫无意义的。世界议会的情况也同样如此。具有充分的军事与经济实力的各国可以轻而易举地诉诸暴力，并能够凭借自身的意愿摧毁整个只是建立在一纸空文基础上的超国家安全。单凭道德权威是无法充分保证和平的。

联合国组织正经受着考验。它可能最终成为我们极端需要的"没有幻想的安全"机构。然而，至今为止，它仍未超出在我看来必须超出的道德权威的范围。

我们所处的形势由于其他情况的影响而变得更为严重，我在这里只列举两点。尽管各国都从官方的立场对战争进行谴责，但只要它们不能不考虑到参加战争的可能性，就必须影响并教育其公民——特别是年轻人——以便在战争来临时他们能轻易地转变为合格的战士。这使得各国不仅要进行一种技术 – 军事训练并培养相应的思维模式，而且要向人民灌输民族虚荣精神以使他们对战争爆发具有心理准备。这种教育自然而然与一切为建立道德权威所做的努力相抵触。而这种道德权威是任何超国家组织都必备的。

我们这个时代的战争危险由于另一个技术因素而被进一步强化了。现代武器，特别是原子弹已使侵略或袭击手段与防卫手段相比占有很大的优势，这很容易导致如下结果：即使有责任心的国家也可能会发现自己被迫发动一场预防性战争。

考虑到这些显而易见的事实，我认为只有**一条**出路。

有必要创造出适宜的环境，以确保各国有权在法律基础上并在国际法的监督下解决与别国的冲突。

有必要通过一个具有专属其掌握的军事力量作为支撑的超国家组织防止各国发动战争。

只有完全满足了这两个条件，我们才有一定把握相信，我们不会在这个时代的某一天消失在大气中，分解为原子。

从当前流行的政治心态看来，希望在短短的几年内实现这些条件似乎是一种幻想甚至是空想。然而，这些条件又不能依靠历史的渐进发展而自动实现。因为，只要我们不能获得超国家的军事安全，上文提到的各种因素在任何时候都能够不可抗拒地把我们推向战争，如果我们不能坦率而坚决地面对以下问题的挑战：即剥夺国家范围内对军事力量的权力并把这种权力转交给超国家的权力机构。那么，对我们而言，对突然袭击的恐惧将比对权力的欲望更具灾难性。

在对这项使命蕴含的各种困难进行了充分的考虑后，我确信这一种观点：**只有当所有人都清楚地认识到没有其他更廉价地摆脱目前状况的办法，我们才能够解决这个问题。**

现在，我觉得自己有义务就可能让安全问题解决的几项具体措施发表一下意见。

1. 各主要军事强国相互检查用于生产进攻性武器的方法与装置，并互相交换相关的技术与科学发现。这样做（至少暂时）会减少恐惧与不信任感。利用这一喘息之机，我们必须筹划更彻底的解决办法，因为在我们迈出这第一步的同时还应该自觉地意识到最终的目标是全部军事力量的非国家化。

这第一步很有必要，它使得其后的行动成为可能。然而，我们应该保持谨慎，不能轻信用上面的办法会立即带来安全。考虑到未来可能爆发的战争，军备竞赛的可能性仍然没有消除而且始终存在着通过"地下的"手段来保守军事秘密的可能，也就是说，使有关战争方法与手段的知识以及为战争进行的实际准备处于秘密状态。而真正的安全跟军事力量的非国家化密切相关。

2. 这种非国家化可以通过稳步增加不同国家军队的军事与科技人员的互换来实现。这种互换应该遵循一个精心设计的方案进行，目的在于使各国的军队有组织地转变为一种超国家的军事力量。有人可能会说，一个国家的军队是民族主义感情最后一块不愿意被削弱的地方。如果真是这样，民族主义也至少会以一种与超国家军队的建立相称的速度，被进步性地加以转化而消除掉。通过将民族主义融入超国家军队的征召与训练中，整个过程会更加便利。互换人员的程序会进一步减少突然袭击的危险，而为军事资源的国际化奠定心理上的基础。与此同时，最主要的军事强国可以为超国家的安全组织与仲裁委员会分别起草工作文件，并参照各国的情况为上述组织确定其义务权能，应受的限制所赖以存在的法律基础，并就这些内容做出具体规定。它们还可以进一步决定为建立维持这些机构而进行的选举应满足的条件。

当各国在这些要点上达成一致后，就有充分的把握防止世界规模的战争的爆发。

3. 上面提到的机构现在就可以运行。各国残存的军队则或者解散，或者置于超国家的权威机构的统帅之下。

4. 最重要的军事强国之间的合作得到保证后，如果可能的话，还应努力使所有国家在自愿决定加入的前提下组成超国家组织。

上面的描述可能使人产生这样的印象：当前主要的军事强国将被分派给太大的支配性作用。然而，我在提出这个问题时，已经努力从尽快实现上述使命的角度进行了思考，以避免比这一使命的本性所固有的困难更加严重的困难出现。显而易见，在最大的军事强国间达成初步协议要比在**所有**或大或小的国家间达成这样的协议更容易些。因为，一个由所有国家的代表组成的机构只能是令人绝望的笨拙的工具，它甚至无法迅速取得初步的成果。即使如此，我们面对的使命仍然要求所有相关者具有极大的睿智与宽容，而只有当我们意识到具备这些素质的极端必要性，这个条件才能实现。

在接受一个世界奖的颁奖会上的演讲

我被你们想要授予我的非凡荣誉深深感动了。在我漫长的生命历程中，我从同代人那里获得了远非我应得到的认可。我承认，我的羞愧感始终超过我从中可能获取的快乐。然而，此时此刻，我的痛苦远比以前任何时候更加超出快乐。因为，所有像我们这样关注和平、关注理性与正义获得胜利的人们必须清楚地意识到，理性与诚实善良对政治领域发生的事件具有的影响是多么微不足道。然而，不论这种影响是多么微弱，也不管我们未来的命运会怎样，我们都可以确信：如果没有那些关注整个人类利益的人所进行的不知疲倦的奋斗，人类的命运比现在还要糟糕。

在这个如此严重地决定命运的时代，我们必须首先向同胞们说明的似乎就是：在对物质力量的无所不能的信仰在政治生活中占上风的情况下，这种物质力量将显示出自身独有的生命力，而且比试图只将其作为工具的人所想象的更加强大。建议国家实行军事化不仅会使我们遭受迫在眉睫的战争威胁，而且将缓慢地，并且必然地摧毁我们这块土地上的民主精神与个人的尊严。宣称因为国外发生的事件迫使我们武装起来的做法是错误的，我们必须全力以赴地与此做斗争。事实上，我们自己重新发展军备的行为，通过其他国家对此做出的反应而将导致的局面，恰恰构成了赞成发展军备的人们所坚持自己主张的基础。

只有一条道路可以通向和平：超国家组织之路。建立在国家基础上的单方面军备，只能强化普遍的不确定感以及缺乏有效保护的混乱局面。

科学与文明

正是在像我们当今所普遍经历的经济困难的时代，人们才会清楚地认识到存在于一个民族心中的道德力量的强大。让我们憧憬，在未来的某一时刻，欧洲在政治上与经济上实现了统一，那时的历史学家就会做出论断：在我们所处的时代，这个大陆的自由与荣誉因西欧各国而获得拯救，它们在艰难的日子里坚决抵制仇恨与压迫的诱惑；西欧成功地保卫了为我们带来知识与发明的每一点进步的个人自由——没有了这种自由，一个自尊的人就会觉得没有必要活下去。

对多年来一直认为我是它的公民的那个国家①的行为做出评判，不可能是我的任务。也许在一个唯有实际行动才有意义的时代，对别人的行为进行评判简直是不务正业。

今天，与我们密切相关的问题是：我们如何能够拯救人类及其精神财富，怎样使欧洲免于一场新的灾难。

毫无疑问，世界危机以及人们因此遭受的痛苦与匮乏，

---

① 此处指德国。——译者。

巴斯德（Louis Pasteur，1822—1895）

法国化学家，微生物学家，证明发酵及传染病是微生物引起的，始创并首先应用疫苗接种来预防狂犬病、炭疽、鸡霍乱，挽救了法、英等国的养蚕业、啤酒和酿酒业，开创了立体化学，发明了巴氏消毒法。

在一定程度上导致了那些我们亲眼所见的危险的动乱。在这样的日子里，不满酿成了仇恨，仇恨又引起了暴力与革命行动，在很多情况下甚至是战争。于是，痛苦与不幸又创造出新的痛苦与不幸。处于领导地位的政治家们又要与二十年前一样，再次担负起重大的责任来。但愿他们能够通过及时达成协议，在欧洲创建一个具有统一而且明确的国际义务的环境，使得所有国家都看到，从事战争冒险行为是毫无希望的。然而，政治家的事业只有得到人民真诚而坚决的意志作为支持才能获得成功。

我们关心的不仅是确保与维护和平的技术问题，而且包括教育与启蒙这一重要使命。如果我们想抵制那些扬言要压制学术与个人自由的强权，我们就必须清楚地认识到，在我们面前，是什么正处于危险之中，以及我们从祖先们经过艰苦斗争而赢得的自由中究竟获得了什么。

没有这种自由，就不会有莎士比亚、歌德、牛顿、法拉第、巴斯德与李斯特，就不会有广大人民舒适的住宅，不会有铁路，不会有无线电，不会有防治流行病的措施，不会有廉价书籍，不会有文化，不会有普遍的艺术享受，也不会有使人们从制造生活的基本必需品所需要的繁重劳动中解脱出来的机器。大多数人将过着一种奴隶般的单调生活，如同在古代亚洲专制统治下的情况一样。对我们这些现代人来讲，正是那些自由的，可以取得各种发明与理智成果的人们才使生活变得有意义。

毫无疑问，当前的经济困难最终将使我们实现由法律推行的劳动力供求之间以及生产与消费之间的平衡。但是在解决这个问题时我们应确保自己的自由，不能为此而陷入最终将导致任何健康发展都停滞不前的奴隶制。

在这方面，我还想谈谈我最近产生的一个念头。当我孤独地生活在这个国家时，我注意到安静的生活所具有的那种单调性是如何激发创造性思维的。在我们的现代组织中，就有一些职业需要过这种无须付出很大体力与脑力劳动的孤独生活。我认为灯塔与灯塔船上的工作就属于这类职业。难道这类职业不可能由那些愿意思考科学问题，特别是思考带有数学或哲学性质问题的年轻人来做吗？这些人当中极少有人能够在一生中最富创造力的阶段不受干扰地（哪怕是片刻）全力解决科学问题。一个年轻人即使幸运地获得了短期奖学金，他也必须全力以赴尽快得出确定的结论。这种做法在对纯科学的追求中是毫无益处的。相比之下，那些从事普通实际工作而足以糊口的年轻科学家则处于一种远为有利的境况——当然必须假定这个职业能够使他拥有足够的业余时间与精力。这种方式，也许使许多富有创造性的人比现在更可能被赋予寻求理智发展的机会。在这个经济萧条与政治动乱的时代，这种认识很值得重视。

我们是否应该对生活在一个危险与匮乏的时代而倍感忧虑？我想没有必要。人类与所有其他动物一样，天性中就有懒惰的一面。如果不受到外界刺激，他几乎不可能主动思考问题，而只会像机械人那样完全凭习惯行事。我已经不再年轻，因此有资格说，在童年与青年时代，我也曾经历过这个阶段——在那段时间，年轻人只想到个人生活的细枝末节，并模仿他们同伴的言谈举止。人们如果想看清这个传统面具后面究竟隐藏了什么东西，需要花费很大力气，因为，他真正的人格由于习惯与语言的影响仿佛被包裹在棉絮中。

今天的情况是多么不同！在这个暴风雨的时代，明亮的闪电不时使所有人与物都赤裸裸地暴露在人们的眼前。每个国家，每一个人都清楚地展现出各自的目标、过人之处及弱点，以及热情。习惯面对环境的迅速改变已变得毫无意义，传统则像干枯的外壳一样脱落了。

人们在困境中开始考虑经济实践遭受的失败以及超国家政治联合的必要性。只有经历危险与动乱，各国才能走向进一步的发展。但愿当今的动乱会带来一个更美好的世界。

在对我们所处的时代做出这种评价后，我们还远不能就此停滞不前。我们还有深层次的义务：关注我们拥有的财富中那些永恒而至高无上的东西，关注那些使生活富有意义的东西，我们还希望，当我们把它传给我们的子孙时，它能够比我们从祖先手中获得它时更加纯洁，更加丰富。

给知识分子的信 [1]

作为许多国家的知识分子和学者，我们怀着深刻的历史责任感于今天相会在这里。我们有充分的理由感谢法国和波兰的同行们，由于他们的提议，我们集合在一起为了一个重大的目的：利用聪明之士的影响来促进世界范围内的和平与安全。这是一个非常古老的问题，柏拉图是最早试图努力为之奋斗的人之一：运用理性和谨慎来解决人的问题，而不是向远祖遗传下来的本能和热情投降。

通过痛苦的经验我们懂得，理性思考不足以解决我们社会生活中的诸多问题。深入的研究和敏捷的科学工作对人类常常具有悲剧性的含义。一方面，它产生了使人从精疲力竭的体力劳动中解放出来的发明；但另一方面，它给人的生活带来严重的不安，使人成为其技术环境的奴隶，所有这些中最为灾难性的是——发明了人类大规模自我毁灭的手段。

---

[1] 这篇演讲本是用在知识分子和平会议的组织委员会上的，随后于 1948 年 4 月 29 日交报刊发表。——原注。

这实在是难以忍受的悲剧!

尽管这个悲剧是令人痛心的,但更具悲剧性的是:人类在科学和技术领域里产生了这么多极为成功的学者,但长期以来,我们在寻找困惑人类的许多政治冲突和经济压力的适当解决途径时却束手无策。无疑,国内以及国家之间经济利益的冲突在很大程度上要对导致今日世界的危险局势和威胁一事负责。人类在发展一个保证世界各民族之间和平共存的政治和经济组织形式方面还未成功,在构建一个消除战争的可能性,永远禁止大规模毁灭的谋杀性装置的体系方面还未成功。

我们这些具有悲剧命运,帮助制造更可怕和更有效的灭绝方法的科学家,必须考虑运用我们的全部权力去阻止这些武器被使用于野蛮的目的,并把它看成是我们神圣的和庄严的责任。有什么目的对我们来说可能比这更重要呢?有什么社会目的可能比这更接近我们的心灵呢?这就是这次会议具有这么重要使命的原因。我们来这里相互协商。我们必须建筑联结各国之间的精神的和科学的桥梁。我们必须克服国家边界的可怕障碍。

在较小的社会生活中,人们在瓦解反社会的统治权方面取得了一些进步。比如在城市里的生活就是这样。在某种程度上,甚至在个别国家内部的社会生活也是如此。在这样的社会里,传统和教育具有一种调节性的影响,给生活在这些范围内的人带来了宽容的关系。但在不同的国家之间，完全的无政府主义仍然流行。我不认为在过去的几千年里，我们在这个领域里做出了任何真正的进步。国家之间长年不断的冲突仍然是诉诸权力，诉诸战争来解决的。无限制的贪求更大权力的愿望，不论在何方，不论在何时，只要现实可能性能够提供，就试图变得积极和具有进攻性。

贯穿在历史上国际事务中的这种无政府状态让人类承受了不可言状的痛苦和毁灭。它一次又一次地剥夺了人类及其心灵、福利的发展。在某些时候，它几乎毁灭了整个区域。

然而，国家试图经常处于战争准备的愿望，仍然对人类的生活产生了其他反响。每一个国家对其居民的权力的控制，在过去的几百年里，已经稳步增长了。在这一点上，权力被明智地运用的国家一点也不比被残暴专制统治的国家差。很大程度上因为现代工业设置的集中和集中化，政府在其居民间保持和平和有秩序的关系的功能，变得越来越复杂和广泛。为了防止其居民免受攻击，没有一个现代政府不要求一个扩张的军事设施。另外，政府认为教育它的居民存在战争的可能性是必要的，这种"教育"不仅腐化了青年人的心灵，而且反过来也影响了成年人的心理状态。没有一个国家可能避免这种腐化。这种腐化甚至流行到了那些并无侵略意图的公民之中。国家因而变成了一个现代偶像，它的挑动性的权力很少有人能逃脱。

然而，战争教育是一种妄想（delusion）。过去几年里的技术发展创建了一个全新的军事状况。令人恐怖的武器被发明出来，它能在几秒钟内让大量的人灭绝，并让巨大的地区毁灭。由于科学还没有发明防范这些武器的方法，现在国家不再能恰当地保护其居民的安全。

　　那么，我们如何才能得救呢？

　　只有当一个超国家的组织唯一具有产生和拥有这些武器的权力时，人类才能从这种不可想象的毁灭和不负责的灭绝中得到保护。然而，除非这个组织具有合法的权力，能解决过去导致战争的所有冲突，否则很难想象在现存条件下，国家把自己手中的权力上交给超国家组织。单个国家的功能将或多或少集中在内部事务上，在它们与其他国家的关系上，它们只处理那些绝不会导致危及国际安全的争端和问题。

　　不幸的是，没有任何迹象表明，各国政府已经认识到了，人类目前所处的情形已迫使人们不能不采取革命性的手段。我们的情形是过去的任何事情都不能比拟的。因而，不可能把在较早阶段满足的方法和手段应用到现在。我们必须使我们的思考方式革命化，使我们的行动革命化，必须有勇气把世界上国家之间的关系革命化。昨天的陈词滥调不再适合于今天，无疑也将在明天毫无希望地过时。让世界上所有人都认识到这一点，是知识分子肩上从未担负过的最重要的和最重大的社会职责。他们是否有足够的勇气克服他们自己的国家的联系，来启发世界人民以最激进的方式改变其根深蒂固的民族传统呢？

巨大的努力是不可或缺的。如果现在失败了，那么超国家的组织将在以后建成，那时它将不得不建造在现在尚存的世界的大部分废墟之上。让我们希望，废除现存国际的无政府状态将不需要导致一个自作自受的世界灾难，这场灾难的程度我们当中没有一个人能想象到。时间苦短，如果我们要行动，就必须现在行动。

致联合国大会的公开信

我们正处于这样的境况中，每个国家的每个公民，他的孩子们和他终生从事的工作都正经受着可怕的不安全感的威胁，这种可怕的不安全感统治着我们这个世界。技术发展的进步并没有增进安定和人类的福祉。由于我们无力解决国际组织问题，实际上它已助长种种危险，这些危险威胁着和平与人类生存本身。

参加第二届联合国大会的五十五国政府的代表无疑会意识到这样一个事实：最近两年之中——从取得对轴心国势力的胜利开始——在阻止战争方面，或是在就控制原子能以及在为重建遭受战火毁坏地区进行经济合作达成协议的方面，都没有取得明显的进展。

联合国不应因这些失败而受到谴责。任何一个国际组织所具有的力量都不会比宪章赋予它的势力更强大，也不会比它的成员国对它所希望的更强大。事实上，**只要**世界各国人民和政府意识到联合国仅仅是达到最终目标——确立为保持和平而被赋予充分的立法权和行政权的超国家的权威——

179

的过渡组织，联合国就是一个极其重要和有用的机构了。而目前的绝境存在于这一事实：没有一个能胜任的、可靠的超国家权威。因此，所有政府中负责的领导人被迫以终究要爆发战争这一设想为基础而采取行动。由这种设想而激发的每一步骤都助长了普遍的恐惧和相互不信任，从而加速了最终灾难的降临。无论一个国家的武装力量如何强大，都不能为任何国家创造出军事安全，也不能保证维持和平。

在传统的国家主权概念得以修改之前，在原子能国际控管或全面裁军方面永远不可能达成完全一致。因为只要原子能和武装力量被认为是国家安全至为重要的一部分，所有国家对国际条约最多都只会说一些口惠而实不至的辞藻。安全是不可分割的。只有当各地都有了法律上和执行中的必要保证，从而使军事安全不再是单个国家的问题时，安全才能得到实现。一方面是为战争做准备，另一方面则是为基于法律和秩序的世界社会作准备，这两者之间毫无妥协的可能。

每一个公民都必须下定决心。如果他接受战争的前提，他必须使自己接受在奥地利和朝鲜等战略地区驻军，接受派兵进驻希腊和保加利亚，接受不择手段地积累铀，接受普遍的军事训练，接受对公民自由日趋严厉的限制。最重要的是他必须忍受军事保密的后果。而军事保密则是当代最深重的灾难和文化进步的最大障碍之一。

另一方面，如果每一位公民都意识到在这个原子时代对安全与和平唯一的保证就是超国家政府的不断发展，那么他将尽其所能地加强联合国。在我看来，世界上每一位有理性的、负责任的公民都应该知道他该做出怎样的选择。

然而，世界普遍地发现自己处在恶性循环之中，因为联合国中的大国似乎不可能在这方面下定决心。东方和西方集团都近乎癫狂地设法加强各自的军事地位。普遍的军事训练，驻扎在东欧的俄国军队，美国对太平洋岛屿的控制，甚至荷兰、英国和法国的僵硬的殖民政策，原子秘密和军事秘密——这一切都是古老的、广为人知的、为取得优势地位而进行的钩心斗角的一部分。

联合国通过勇敢的决定以加强其道义权威的时刻已经到来。第一，联合国大会的权威必须加强，从而使安理会及联合国其他部门从属于它。只要在联合国大会和安理会之间存在权威的冲突，那么，整个机构的有效性必将仍然受到损害。

第二，应该大幅度地更改联合国代表的产生办法。现行的通过政府任命来选派代表的方法并没有给被任命者以任何真正的自由。而且，由政府选派代表的做法不能让世界各民族感觉到代表的产生是公正的，按比例进行的。如果代表由人民直接选举产生，联合国的道义权威将得到相当大的加强。要是他们对全体选民负责，他们将有更多的自由凭良心办事。这样，就会有希望出现更多的政治家、更少的外交家。

第三，联合国大会在整个紧要的过渡时期内应照常开会。通过不间断的工作，大会能完成两项主要任务。首先，对建立超国家的秩序采取主动；其次，它能在那些和平受到威胁的危险地区（如现在存在于希腊边境的危险）采取迅速有效的行动。

考虑到这些艰巨任务，联合国大会不应把其权力委托给安理会，特别是在否决条款这一缺陷使安理会陷入瘫痪的时候。作为能够果断、坚决地采取主动行动的唯一实体，联合国必须坚决采取行动，通过打好建立真正的世界政府的基础为世界安全创造必要的条件。

这样做当然会有反对意见。但如果人们制定出能提供真正安全的公正的提议，就绝对不可以肯定说苏联——这个经常反对世界政府这一观念的主要代表——还会继续反对。即使设想俄国现在对世界政府的观念持反对态度，一旦她开始确信世界政府无可阻挡地正在形成，她的整个态度也可能会改变。那时她可能仅仅坚持在法律面前必要的平等保证，以避免看到自己在现在的安理会中长期所处的少数地位。

然而，我们必须假设，尽管我们进行了各种努力，俄国及其盟国仍然可能认识到身处这样一个世界政府之外是明智的。在这种情况下——只有在以最大的真诚做了所有努力以获取俄国及其盟国的合作之后——别的国家应该单独行动。这个由至少世界三分之二的主要工业和经济地区组成的局部性世界政府的强大是至关重要的。它本身的这种力量将使局部性世界政府抛弃军事保密和所有其他源于不安全感的活动成为可能。

这样一个局部性世界政府从其建立之初就应明确，它的大门对任何非成员国——特别是俄国——都是敞开的，这些非成员国可以在完全平等的基础上加入进来。在我看来，局部性世界政府的各种会议和制宪大会应允许非成员国政府的观察员列席。

为了达到最终目标——组成**一个**［统一的］世界，而不是两个敌对的世界——这样一个局部性世界政府绝不能以一个同盟的身份与世界另一部分发生对抗。达到真正的世界政府的唯一步骤是世界政府本身。

在世界政府中，不同组成部分中的意识形态差异不会带来严重后果。我确信，目前在美国与苏联之间的争端，主要不是因为意识形态的差异。当然，这些意识形态差异是助长本已很严重的紧张局势的一个因素。但我确信，即使美国和俄国都是资本主义国家——或共产主义国家或君主制国家，诸如此类——他们的对抗、利益冲突和相互嫉妒仍将导致与这两个国家之间现存的紧张局势类似的结果。

现在的联合国和最终的世界政府必须为一个单一的目标服务——确保全人类的安全、宁静和福祉。

爱因斯坦博士的错误观点

—— 瓦维洛夫、弗鲁姆金、约飞与谢苗诺夫的一封
公开信

著名物理学家阿尔伯特·爱因斯坦不仅以其科学发现知名，近年来，他对社会和政治问题表现了极大的关注。他通过电台发表演讲，并在报刊上发表文章。他与许多公共组织保持着联系。他一次又一次大声疾呼反对纳粹的残暴行径。他是持久和平的倡导者，并就反对新战争的威胁，反对军国主义者把美国的科学完全置于其控制之下的野心发表了讲话。

苏联科学家和苏联广大人民欣赏这种人道主义精神，它促成了这位科学家的这些活动，尽管他的立场并不总是如人们可以要求的那样坚定不移和轮廓鲜明。然而，在爱因斯坦的一些新近的言论中，有些方面在我们看来不仅是错误的，而且对爱因斯坦所热烈拥护的和平事业有很大的损害。

我们认为有责任促使公众关注，以便澄清像如何最有效地为和平而工作这样一个重大问题。爱因斯坦博士最近

谢尔盖·瓦维洛夫（Sergei Vavilov,
1891—1951）

专长于荧光领域的物理学家，苏
联科学院院长。

亚历山大·弗鲁姆金（Frumkin,
1895—1976）

著名的胶体化学家，莫斯科科学
院物理化学与电化学研究所所长。

一直倡导的"世界政府"的思想正应该从这一角度进行考
虑。

在对这种思想表示拥护的五颜六色的支持者中，除了
用它作为无限扩张掩护的不折不扣的帝国主义者外，在资本
主义国家，还有相当数量的知识分子，他们被这种思想的貌
似合理性所俘获，而没有意识到这种思想的真实含义。这些
爱好和平、思想自由的人相信一个"世界政府"将是制止世
界邪恶的一副万应灵丹和维护世界持久和平的卫士。

"世界政府"的鼓吹者们大量利用似乎激进的论据，即

阿布拉姆·约飞（Joffe，1880—
1960）

以其对晶体在水下情况的研究工
作著称，是彼得格勒的科学院物
理化学研究所所长。

尼古拉·谢苗诺夫（Semyonov，
1896—1986）

化学动力学的权威，莫斯科科学
院的化学物理研究所所长。

在原子时代国家主权是过去的遗物，正如比利时代表斯巴
克 ① 在联合国大会中所说的，是一种"过时的"甚至是"反
动的"观念。很难想象出比这个论据更远离真理的了。

---

① 斯巴克（Paul-Henri Spaak，1899—1972），曾两度任比利时首相
（1938—1939、1947—1949），三次任外交大臣（1936—1938、1939—
1945、1965），1946年任第一届联合国大会主席，1949年—1951年任
欧洲委员会协商会议主席，1952年—1954年任欧洲煤钢联合体主席。
他主张建立一个强大的欧洲，并极力推进欧洲一体化进程，可谓欧洲一
体化的先驱者。1957年—1961年担任北大西洋公约组织秘书长。——
译者。

首先，一个"世界政府"和超国家的观念绝不是原子时代的产物，它比这个时代要古老得多。例如，在国际联盟形成时它们就曾引起过争论。

其次，这种观念在当今时代中从来都不是进步的。它们反映着统治主要工业国的垄断资产阶级认为其本国国界太狭窄这一事实。他们需要一个世界范围的市场，世界范围的原材料来源和世界范围的资本投资场所。由于他们在政治和行政事务中的支配地位，势力庞大的垄断利益能够利用国家机器争夺势力范围并用经济和政治手段努力征服其他国家，以使像在他们自己国家内一样自由地充当主人。

我们从自己国家的过去经历中很清楚地认识了这一点。在沙皇制度下，由于俄国的反动政权以其廉价的劳动力和丰富的自然资源奴性十足地迎合资本家的利益，俄国成为外国资本家们的诱人佳肴。法国、英国、比利时和德国的公司像肉食鸟一样在我国大吃大喝，赚取在他们国内不可想象的利润。他们以敲诈性的贷款把沙皇俄国跟资本主义西方绑在一起，在由外国银行所提供的资金的支持下，沙皇政府残酷镇压革命运动，阻止俄国科学文化的发展，煽动对犹太人的集体迫害（pogroms）。

伟大的十月社会主义革命打碎了把我国和世界资本主义垄断势力束缚在一起的经济和政治依赖的锁链。苏维埃政府使我国第一次成为真正自由、独立的国家，以历史上迄今为止从未有过的速度促进了我们社会主义经济、技术、科学和文化的发展，使我国成为世界和平与安全的一个可靠堡垒。我国人民在国内战争中，在反对国际帝国主义国家集团的干涉和反抗纳粹侵略的伟大战争中支持国家的独立。

而现在一个"世界超级国家"的鼓吹者却正在要求我们为了"世界政府"自愿交出这种独立。这只是资产阶级垄断势力争夺世界霸权的一块色彩艳丽的招牌。

显而易见，对我们提出任何这样的要求都是十分荒谬的。而且这样的要求不仅仅对苏联而言是荒谬的，第二次世界大战结束后，很多国家成功地挣脱了压迫和奴役的帝国主义体系。这些国家的人民在努力把经济独立和政治独立结合起来，排除国外势力对他们国内事务的干涉。再者，殖民地和附属国中迅速发展的民族独立运动已经唤醒了数以亿计人民的民族意识，他们再也不愿保持其奴隶身份了。

帝国主义国家的垄断者们已经失去了许多有利可图的、可进行剥削的领域，并面临着失去更多这种领域的危险。但他们正在尽力剥夺已经从其统治下挣脱出来的、独立了的国家，这些垄断势力很讨厌这种独立。它们还在尽力阻止殖民地的真正解放。为了［达到］此目的，帝国主义者就诉诸军事、政治、经济、意识形态战争等尽可能多样的方法。

正是与这一社会训令（social behest）一致的，帝国主义的意识形态专家努力使人们怀疑"国家主权"这一概念。

他们所用方法之一就是为"世界国家"的虚伪的计划辩护。这些计划声称要消灭帝国主义、战争和国家之间的仇视,确保普遍法律的胜利,等等。

正在努力夺取世界霸权的资本主义掠夺欲就这样被披上了伪进步的观念的外衣,这一观念在资本主义国家里对一些知识分子——科学家、作家以及其他人——颇有吸引力。

在去年9月致联合国各代表团的一封公开信中,爱因斯坦博士提出了一个限制国家主权的新方案。他建议联合国大会应加以改组,应被改为一个拥有比安理会更大权威的长期起作用的世界议会。爱因斯坦宣称(重复着美国外交追随者们一天到晚都在讲的论调):安理会因否决权而陷于瘫痪。根据爱因斯坦博士的计划,改组后的联合国大会有最后决定权,大国一致的原则将被摒弃。

爱因斯坦建议联合国代表应通过普选产生,而不是如现在这样由各国政府任命产生。乍一看,这个建议似乎是进步的,甚至是激进的,事实上,它丝毫无助于改进现状。

让我们自己想象一下,这种"世界议会"的选举实际上意味着什么。

世界人口的很大一部分至今仍生活在被总督、军队和一些资本主义大国的金融和工业垄断势力统治的殖民地和附属国之中。在这些国家中的"普选"实际上意味着代表由殖民政府和军事当局任命产生。人们很容易就能找到例子,只要回想一下在希腊举行公民投票的拙劣表现就可想而知了。这次公民投票是在英国刺刀的保护下，由保皇分子－法西斯主义统治者实施的。

但在正式存在普选制的国家里情况并好不了多少。在由资本统治的资产阶级民主国家，资本家们借助数以千计的欺诈和诡计使普选制和投票自由成为一场笑剧。爱因斯坦当然知道美国上次的国会选举只有 39% 的选民前去投票，他当然知道南方各州数以百万计的黑人事实上被剥夺了公民权，或不时在私刑的威胁下，被迫选举他们的死敌，如极端反动、仇恨黑人的比耳波参议员（Senator Bilbo）。

选举税、特别检查和其他方法被用于剥夺数以万计的移民、移民工人和贫困农民的选举权。我们暂且不提及广泛盛行的贿选，也不提被腰缠万贯的报业主控制的对公民有巨大影响的工具——反动的新闻界——的作用等等。

所有这些都表明，在资本主义世界的现有条件下，爱因斯坦所建议的通过普选成立世界议会究竟意味着什么。它的结构不会好于现在的联合国大会，它将是对群众的真实情感，对他们持久和平的要求和愿望的扭曲反映。

我们知道，由于联合国压倒多数的成员有赖于美国，被迫根据华盛顿的要求修改它们的外交政策，所以在联合国大会和联合国各委员会中，美国代表团有一套固定的表决机器。例如，许多拉丁美洲国家，都是农业单一作物制的国家，被美国垄断者捆住了手脚，后者决定着它们产品的价格。在这样的情况下，难怪在美国代表团的压力下能在联合国大会产生一种机械的多数，因为这些国家根据他们事实上的主子的命令进行投票。

在有些情况下，美国的外交手腕发现打着联合国的旗号实行某些法案比通过国务院更为有利。请看看臭名昭著的巴尔干委员会或被派去监督朝鲜选举的委员会就很清楚了。正是怀着把联合国变成美国国务院一个部门的目标，美国代表团才强行通过"小型大会"的方案。这实际上是取代遵循大国一致原则——这个原则被证明是妨碍实现帝国主义方案的一个障碍——的安理会。

爱因斯坦的建议将导致同样的结果，它远不能促进持久和平与国际合作，而将其仅仅作为对建立了阻止外国资本从当地掠夺利润的政权的国家进行攻击的掩护屏障。它将助长美帝国主义肆无忌惮的扩张，并在思想意识方面解除保持独立的国家的武装。

由于命运的嘲弄，爱因斯坦事实上已经成为作为和平与国际合作最凶恶敌人的阴谋与野心的支持者。他在那条路上走得太远，竟然在他的公开信中预先宣称，如果苏联拒绝加入他的那个新奇的组织，别的国家完全有权单独行动而为苏联最终作为成员或"观察员"参加这个组织敞开大门。

本质上，这个建议与美帝国主义坦率的拥护者的建议没有什么区别，而不论爱因斯坦博士事实上跟他们有多大的不同。这些建议的要点和实质是，如果联合国不能成为美国政策的武器，不能成为帝国主义阴谋和方案的掩护，这个组织就应被摧毁，代之以一个没有苏联和新的民主国家参加的新的"国际"组织。

难道爱因斯坦博士不知道这些计划对国际安全与合作会是多么致命吗？

我们认为爱因斯坦博士已走上了一条错误而且危险的道路，他在一个存在着不同社会、政治和经济制度的世界里追逐着"世界国家"的海市蜃楼。如果人们能清醒地看待不同国家之间社会和经济结构的差异，就没有理由能说明为什么这些国家不能进行经济和政治合作。但爱因斯坦正发起了一个政治风尚，它落入诚恳的国际合作和持久和平的死敌的手里。他所发明的联合国成员国的采纳的方针没有带有更大的国际安全，而是带来了新的国际复杂性。它只会使得资本垄断者受益，对于他们而言，新的国际复杂性带来了更多战争合同和更多利益的保证。

正是由于我们如此看重爱因斯坦作为一个杰出的科学家和尽其全力促进和平的具有公共精神的人，所以我们认为以完全坦诚而不带外交饰词的方式表达观点是我们的责任所在。

给苏联科学家的回信

在《新时代》(*New Times*)的一封公开信里，我的四位苏联同行发表了对我的善意的抨击。我欣赏他们所做的努力，我更欣赏他们如此坦诚直率地表达了他们的观点。一个人只有尽力地去全面了解了他的对手的想法、动机、理解方式，以至于他能够用自己的观点①看清世界时，他才有可能在人与人的事务中表现得明智。所有本意善良的人都应尽可能地为增进这种相互的了解做出贡献。正是出于这种精神，我恳请我的俄国同行和其他读者接受我对于他们来信的如下答复。这是一个急切地努力寻找可行解决办法的人的答复。他并不幻想他自己知道了"真理本身"或"正确的道路"。倘若在下文中我表述自己的观点有些武断，那么我那样做也仅仅是为了清晰、简洁。

尽管你们的来信，主要看起来是针对非社会主义的别国，尤其是对美国的攻击，但我相信，在进攻性阵地后面存

---

① 此处英文为 his eyes（他的眼睛）。——译者。

在着防御性的精神态度，那不是别的，正是走向无限的孤立主义的趋势。这种向着孤立主义的逃离是不难理解的，只要你认识到了苏联在过去 30 年里在别国手中所遭受到的一切——德国入侵时对平民有计划的大屠杀，内战时期外国的干预，西方媒介系统的诽谤运动，对希特勒作为攻打苏联的联盟工具的扶持。但是，不管这种孤立的愿望是多么可以理解，它对俄国乃至所有其他国家都有着巨大的灾难性。这一点我将在后面详细阐述。

你们攻击我的主要目标集中在我对于"世界政府"的支持。我将会讨论这个重要的问题，但首先我想就社会主义与资本主义的敌对说几句话。因为看起来你们对于这种敌对的重大意义的态度，完全决定了你们对于国际问题的观点。如果客观地考虑社会－经济问题的话，情况是这样：技术的发展使得经济机构不断集中。也正是这种发展使得在所有广泛工业化的国家里，经济实力开始集中在相对少数人的手里。在资本主义国家，这些人不需要就他们的行为对广大民众负责，但在社会主义国家，他们必须向民众负责，因为在那里，他们正如行使政治权力的人们一样，都是民众的公仆。

我赞成你们的观点，即社会主义经济拥有的优点完全可以平衡其缺陷，只要这种管理至少在一定程度上达到适当的标准。毫无疑问，终有一天所有的国家（只要那些国家依旧存在）将会感激苏联第一次排除了巨大的困难，以有力的行动展示了计划经济的实际可行性。我也认为资本主义，或者我们应该说自由企业制度，将不能够应付失业的问题，而这又由于技术的进步而变成一个长期的问题，而且不能够在生产能力和民众购买力之间维持一个合理的平衡。

另一方面，我们不能把所有社会的、政治的罪恶归咎于资本主义，并且错误地假定社会主义的建立恰好能够治愈人类所有社会的、政治的痼疾。这种信念的危险首先在于它实际上鼓励了所有"忠实信徒"的狂热的不宽容性，它把一种可能的社会方式变成了一种像教会一样的东西，把所有不属于它的人视为反叛者或肮脏的罪人。一旦达到这一步，理解那些"非忠实信徒"的信念和行为的能力便消失殆尽。我确信，你们从历史中知道这种顽固坚持一类信念的做法使人类遭受了多么大的不必要的痛苦。

任何政府，只要它自身携有蜕化为专制暴政的趋势，它本身就是罪恶。然而，除了极少数无政府主义者以外，我们所有人都认为，没有政府，文明社会也就不复存在。在健全的国家里，在民众的意愿和政府的意愿之间存在着一种动态平衡，它能阻止政府蜕化为专制暴政。显然，当一个国家里，政府不仅对军事力量拥有权威，而且对教育与信息渠道及每一个公民的经济存在拥有权威时，这种蜕化的危险就更加严重。我说这些仅仅是想表明，不能把社会主义当成所有社会问题的解决办法，而只能看作是能够容纳这种解决方法的一个框架。

在你们的信里表述的普遍态度中，最令我惊诧的是以下方面：你们在经济领域是如此热烈地反对无政府状态，同时你们又是如此热烈的无政府状态的赞同者，比如，在国际政治领域的无限制的主权问题上。对于你们来讲，缩减各个独立国家的主权的建议本身是该受谴责的，因为它是对天赋权利的一种侵犯。而且你们努力去证明，在缩减主权的想法背后，美国隐藏了不通过战争便对世界其他国家实施经济统治和剥削的企图。你们以极大的热情分析了这个政府自上次战争以后的某些行为，试图证实这个暗藏的意图。你们试图表明，联合国大会不过是由美国乃至美国资本家所操纵的傀儡。

这些论点给我的印象如同一种神话，它们是不能说服人的。但是，它们使我们两国知识分子深刻的疏远变得明显，这种疏远是令人惋惜的，是人为隔离的结果。如果个人间自由的意见交换成为可能，并得到鼓励的话，那么知识分子，或许比别的人更能够帮助在两国及他们的问题间建立相互理解的氛围。这种氛围是政治合作有成效的进展所必需的先决条件。然而，既然我们暂时只能依赖于这种麻烦的"公开信"的形式，我想简洁地表明我对于你们的论点的反应。

没有人想否认经济寡头的统治对我们公众生活的所有

罗斯福（Franklin Delano
Roosevelt，1882—1945）
美国第 32 届总统（1933—1945），
民主党人。

部门的影响力。然而，这种影响力也不应被高估。尽管有这
些强大集团的绝望的反对，富兰克林·德拉诺·罗斯福依然
当选为总统，而且还当选过三次，并且这是在不得不做出有
重大影响的决策的时刻发生的。

关于战后美国政府的政策，我不愿意，也不能，更无
资格去对之进行辩护或解释。但不能否认，美国政府对于原
子武器的建议至少表明了朝向建立超国家的安全组织的努
力。如果它们不是可接受的，至少可以作为对于真正解决国
际安全问题进行讨论的基础。实际上，正是苏联政府部分否
定、部分拖拉的态度，才使得这个国家里本意善良的人很难
如愿地运用他们的政治影响力去反对"战争贩子"。至于美

197

国对于联合国大会的影响，我想说，在我看来，这似乎不仅是由于美国的经济和军事力量，而且也由于美国和联合国向着真正解决安全问题的努力。

关于有争议的否决权，我相信努力消除它或使其无效，有它们基本的原因，这种原因主要不是美国的特别意向，而更多的是否决权被滥用的做法。

现在我来谈论你们所认为的下列看法：美国政策的目的在于获得对别国的经济统治和剥削。谈论任何关于目的和企图的事情都是一件危险的事。我们不妨考查一下其中的客观因素。美国有幸可以在自己的国家内生产足够数量的工业产品和食品，它又拥有几乎所有重要的原材料。由于它固执地坚信"自由企业"，它不能够维持民众购买力和国家生产能力之间的平衡。也正是这个原因使得失业问题带来的危险已达到迫在眉睫的地步。

由于这些情况，美国被迫强调她的出口贸易。非此她将不能永远保持其全部生产设备被充分利用。倘若出口被进口以相同价值平衡的话，这种状况便是无害的。那时对外国的剥削就在于进口的劳动价值远远超过出口。然而，由于每一种进口将使生产设备的一部分闲置，（美国）正全力避免这一点。

这便是为什么外国不能偿付美国的出口商品。从长远看，只有通过后者的进口，偿付才能真正成为可能。这就解释了为何所有黄金的大部分来到了美国。总的来说，这些黄金是无用的，除非购买外国商品，其原因在上面已陈述过。于是，这些被仔细保护起来以防偷盗的黄金成了称颂政府的智慧和经济的科学的纪念碑。上面陈述的理由使我很难认真对待所谓美国剥削全世界的说法。

然而，上面描述的状况有其严重的政治后果的一面。由于上述原因，美国被迫出口部分产品到外国。这些出口是通过美国给别国的贷款来支付的。实际上很难想象这些贷款会还清。因而，出于现实的原因，这些贷款必须被当成一种馈赠，它成了权力政治领域里的武器。鉴于现存的状况及人类的普遍性格，我坦率地承认，这表明了一种真正的危险。然而，难道事实上我们不正是已跌入国际事务中的一种状态——倾向于把我们头脑里的每一个发明、每一件实物当成武器，并最后成为对人类的危害吗？

这个问题把我们带到最为重要的事情上来，与之相比，任何别的事情都变得毫无意义。我们全都知道强权政治迟早会导致战争。而在现有状况下，战争就意味着巨大的人员和物资毁灭，其程度将远远大于历史上发生过的任何事情。

难道真的由于我们的冲动和天生的习性，我们将因相互完全的毁灭，不留任何东西，而不遭谴责吗？我们在这次奇怪的通信中所论及的争议和观点的差别与我们都身处其中的危险相比，难道不都是毫无意义的琐屑吗？难道我们不该以我们的力量减少威胁着所有国家的危险吗？

如果我们坚持无限制的国家主权的想法和行为的话，那它就只能意味着每个国家保留为达到各自目的而采用类似战争手段的权利。在此状况下，每个国家都必须为这种可能性做准备，这又意味着它必须尽全力超过其他国家。这个目标会逐渐统治我们的公众生活，而且在灾难降临前毒害我们的年轻人。但是，只要我们还保留了一点冷静的理智和人类情感，我们便坚决不能容忍它。

这便是我支持"世界政府"这一想法时所抱的观点，而不管为此目标工作的其他人是如何想的。我赞同世界政府是因为我深信没有别的可能的办法能减轻人类所面临的最恐怖的危险。避免完全毁灭的目标必须高于其他一切目标。

我深信，你们会认为这封信是集我所有的忧虑和诚挚写成的；我相信你们会以同样的精神接受它。

科学与生活

关于知识分子的组织 [①]

 我认为知识分子联合起来是非常重要的，并且是真正迫切的需要。这不仅是为了保障他们的经济地位，一般来讲，也是为了确保他们在政治领域的影响。

 至于第一点，即经济方面，我们可以把工人阶级当作一个典范：他们成功了，在一定程度上最起码保证了他们的经济利益。我们能够从他们身上学会如何用组织方法来解决这个问题。而且，我们能从他们那里学到什么是我们自己应竭力避免的危险：由于内部的不和，集体的力量变弱，到了那种地步，合作便很困难，而且会导致内部各派之间的纠纷。

 而且我们也能从工人那里学到，如果局限于直接的经济目标，排除所有政治目标，也不能得到有效的行动。在这方面，这个国家的工人阶级才开始行动。考虑到生产不断集中化，经济和政治斗争不可避免地变得越来越紧密地交织在

---

① 此文德文版的标题为《论一个所有知识分子组织的必要性》(*Ueber die Notwendigkeit einer Organisation aller Intellektuellen*)，S.117。——译者。

一起，在此过程中，政治因素将继续大幅度地增长。与此同时，与其他职业相比，知识分子由于缺乏组织，便不能保护自己免受欺压和剥削。

知识分子应该联合起来，不仅是出于他们自身的利益，而且同样重要的也是出于整个社会的利益。知识分子的分裂可部分归咎于下列事实：这个特殊群体的特定部门和经验很少用于政治目的。在他们看来，政治野心和对利益的追求左右了政治事件，而不是基于专业知识和客观的思考做判断。

知识分子联盟对于整个社会的最大意义在于通过宣传和教育影响公众的观念。的确，它最恰当的任务便是保证学术自由。没有学术自由，民主制的健康发展是根本不可能的。

当前，知识分子联盟特别重要的任务是要努力建立一个超国家政治组织，防止新的侵略战争。就我看来，目前为一个国际政府制订特别的计划并不是我们的首要目标。如果大多数公民有建立国际安全组织的坚定意向的话，那么给这个机构提出具体方案的技巧便不会成为问题。现在大多数人缺乏的是一种以清晰的思考为基础的信心：除了目前这种超国家的组织外，不存在任何其他永久避免灾难的方法。在促使和提升这个问题的过程中，我看到了知识分子组织在这个历史性的时刻所能担负的最为重要的任务。只有大力承担起这个任务，像这样一个组织才能够获得内部的力量和外部的影响。

"欧洲是成功的一例吗？"

　　同欧洲的人文主义理想紧密结合在一起的是言论自由、某种程度上个人的自由意志、在思想上追求客观性而不仅仅考虑实用性、对精神王国和兴趣领域里不同品味的鼓励。这些要求和理念构成了欧洲精神的特质。人们不可能理性地建立这些准则和价值，因为它们是探讨生命的基本原则问题，是仅能由情感肯定或否定的出发点。我只知道我全身心地肯定它们，若处于一个总是否定它们的社会中，我会觉得难以容忍。

　　我并不同意悲观主义者的观点，他们以为全部知识增长依赖于开放的或不开放的奴隶制的建立。这在技术发展的早期阶段或许是真的。在那里，生活必需品的生产使大多数人体力耗尽。但在我们这个技术高度发展的时代，有相对公正的劳动分工，对所有人都有适当的供给品，个人应当有时间和精力去受最好的理智训练并按照他的能力和爱好在学术和艺术领域取得成就。不幸的是，在我们的社会中不存在任何向这些条件的努力。但是，每一个献身于

204

特定的欧洲理念的人都将会尽最大的努力达到这个目标，越来越多的有正义感的人确信这个目标的令人满意程度（desirability）与实用性。

考虑到改善经济组织的高度努力，一个时期内把个人自由的原则放在一边的做法是合理的吗？一个很有修养且十分精明的苏联学者很巧妙地在我面前为这个观点辩护，他比较了强迫与恐惧的胜利——最起码在一开始的时候——战后俄国共产主义的成功运作与德国社会民主党的失败。他没有说服我。在我看来，没有一个目标是如此之高，以至于用毫无价值的方法去实现它还被认为是正当的。暴力有时可以迅速地铲除障碍，但它从未能证明它本身是具有创造性的。

在捍卫言论自由集会上的讲话 [①]

我们今天来到这里，是要捍卫美国宪法所保证的言论自由，也要捍卫教学自由。出于同样的原因，我们希望知识分子注意目前威胁这些自由的巨大危险。

这种事情是怎样成为可能的呢？为什么这种危险比过去的年代里更可怕？生产的集中导致了生产资本集中在这个国家中的相当少的一部分公民手中，这一小部分人以压倒一切的优势控制了对年青一代进行教育的机构以及国家的大型报纸。同时，它们对政府施加巨大的影响。这本身已充分构成了对这个国家的学术自由的严重威胁。另外还有一个事实。经济集中的进程产生了一个以前所不知道的问题——部分能够工作的人的永久性失业。联邦政府通过系统地控制经济过程尽力解决这个问题——也就是说，通过供求的基本经济力量的所谓自由作用来加以限制。

---

① 此文德文版标题为《言论自由和教学自由》(*Meirungs Freiheit und Lehrfreiheit*), S. 175.——译者。

但事实状况比人要厉害得多。统治经济的少数派——迄今为止还自作主张，不对任何人负责——反对这种对他们的自由行动的限制。而这种限制却为全体人民的利益所要求。为此，这一小部分人使用了每一种已知的法律手段来进行抵制。因而，也就不奇怪，为何他们利用其压倒一切的优势对学校和新闻界施加影响。他们是为了防止在这个问题上年青一代受到启蒙，而这个问题对于国家的健康合理发展至关重要。

由于这个原因，我们近来多次看到，不顾同事们的反对而解聘合格的大学教师的做法，新闻界虽然向公众报道了这种行为，但并不适当。正是由于少数经济统治者的压力，才有教师宣誓这种不合情理的制度，它们意味着对学术自由的削弱。不用我多加强调，教学自由以及在书上和报刊上的言论自由是任何一个民族健康自然发展的基础。在这一点上，历史的教训——尤其是近期的教训——表现得十分明显。尽每一份能力去维护和加强这些自由，施加一切可能的影响让公众警惕存在的危险是每个人应尽的责任。

只有当我们巨大的经济问题通过民主的方式被解决了，这些困难方能被克服。但是，解决问题的基础首先是由必须保护言论自由来做准备。而且这也是唯一能防止最严重的损害的方法。

让我们因此动员我们的力量。让我们毫无倦怠地捍卫它们，以免这个国家后来的知识分子精英说：这些人胆怯地、没有经过斗争就放弃了先辈们传给他们的遗产——一份他们不配享有的遗产。

原子战争，还是和平

I

原子能的释放并没有产生新的问题，它只是使得解决一个现存的问题的需要变得更加迫切。人们可能说，它从量上，而不是从质上影响了我们。只要存在着具有巨大权力的主权国家，战争便是不可避免的。这并不意味着人们知道什么时候战争会发生，但它肯定会发生的。在原子弹被制造出来以前，这也是千真万确的。被改变的只是战争的摧毁力。

我不相信文明会在一场原子战争中被毁灭。也许地球上三分之二的人都会死去，但是足够的有思想的人和足够的书籍将会被保留下来重新开始，文明应能被保留下来。

我不认为原子弹的秘密应该交给联合国，我也不认为它应该交给苏联。这两种情况都像一个有资本的人希望另一个人在某企业中与他合作，开始便分给另一个人一半的钱一样。但是，当他需要这个人的合作时，这个人可能会开办另一个企业与他竞争。原子弹的秘密应交给一个世界政府，美国应立即宣布它愿意将其交给世界政府。这一政府应由美国、苏联和英国这三个强国组成。只有这三个国家具有巨大的军事力量。这三个国家应把它们所有的军事力量交给这个世界政府。只存在三个具有强大军事实力的国家这一事实，应使建立这种世界政府变得更为简单，而不是更难。

既然美国和英国拥有原子弹的秘密，而苏联没有，它们就应该邀请苏联准备并提交所提议的组建世界政府的一个宪章草案，这样会帮助消除俄国人的不信任感。他们之所以感觉到不信任，是因为为了避免他们拥有，原子弹已被作为高级机密保存起来了。显然，草稿不是最后定稿，但应该使俄国人感觉到世界政府将保护他们的安全。

如果由一个美国人、一个英国人和一个俄国人来共同商讨这个宪章，那将是明智的做法，他们必须有顾问，但这些顾问应该只是被咨询时才提出建议。我相信三个人能成功地写下一个他们三人都能接受的可操作的宪章。六个人或者七个人或更多人则可能会失败。在三个强国已起草一个宪章并采纳它之后，小的国家应该被邀请加入这个世界政府。它们可以不加入，虽然那样它们也感到相当安全，但我肯定它们是希望加入的。自然，它们应有权利提议对三大强国起草的宪章进行修改。但是，三大强国应该继续组织世界政府而不管小的国家是否参加。

这个世界政府的权力应当超过所有的军事组织。这里唯一还需要的是另一个权力。这就是它将对少数人压制大多数人，因而导致战争的不安定国家将会被干涉。例如，产生于阿根廷和西班牙的问题应被解决；应该取消不干涉的观念，因为放弃不干涉是维护和平的分内之争。

世界政府不应等到三个强国具有同样的自由状况时才建立。虽然在苏联是少数人占统治地位，但我并不认为其内部的情况对世界和平构成了威胁。必须承认，俄国人没有受过长期的政治教育。改进俄国的状况必须是由少数派来实施，这是因为大多数人没有这个能力。如果我生下来就是一个俄国人，我会使自己适应这个状况。

在建立一个对军事权威垄断的世界政府的过程中，不必改变三个强国各自的结构。要设计怎样的方法以使得他们不同的结构能结合到一起进行协作，那是三个起草宪章的人的事。

我究竟害不害怕世界政府的专制呢？我当然害怕。但我更害怕另一场战争的到来。从某种程度上说，任何政府都是罪恶的。但我宁愿要世界政府，也不要更大罪恶的战争，尤其是当它们具有更大的摧毁力时。倘若不能在意见一致的基础上建立起世界政府，我相信战争迟早会来临，而且是以一种更危险的形式来临。因为一次战争或多次战争的结果便是一个强国以其占优势的军事威力统治世界的其余部分。

现在我们有原子弹的秘密，我们不能失去它。如果把它交给联合国组织或苏联，那便是冒险行事。但我们也应尽快让人们明白，我们并非是为了自身的权力才保守原子弹的秘密，我们的目的是希望通过世界政府建立和平。而我们自己将尽全力以促成这个世界政府的建立。

我感到高兴的是，有一些赞成采取渐进方式迈向世界政府的人，虽然他们把它作为最终的目标。采用小的步伐，一次一小步，直至最终目的做法，所存在的困难在于，当它们被采用的时候，我们继续保守着原子弹的秘密，却又不能使没有它的那些人确信我们的理由。那么，相互竞争的主权国家之间关系的恶化，就带来了恐惧和猜疑。因此，当人们一次一小步前进时，他们以为自己的目标是世界和平，但实际上却导致了战争。我们已没有时间采取这种方式。若要防止战争，必须迅速建立世界政府。

我们不应该长久地保守这个秘密。我知道有下面一种议论：有人认为，没有一个别的国家有足够的钱花在原子弹的发展上，这使得在很长时间内我们能放心保有这个秘密。这正是在这个国家里经常犯的错误：人们总是用金钱来衡量事物。倘若别的国家有原料，有人力，并且组织人发展原子能的话，它同样能够制造出原子弹，因为真正所需的是原料、人力和使用它们的决定，而不是金钱。

我并不认为自己是释放原子能之父。我是以一种很间

哈恩（Otto Hahn，1879—1968）
德国化学家，因在1938年末发现
核裂变现象而获得1944年诺贝尔
化学奖。

接的方式参与其中的。事实上，我没有预见到原子能会在我
这个时代释放出来。我只是在理论上认为它是可能的。通过
链式反应的偶然发现，它成了现实，而这不是我能预料到
的。它是哈恩在柏林发现的，但他曲解了自己的发现。正确
的解释是丽塞·迈特纳提供的，她从德国逃出来，将消息告
诉了尼尔斯·玻尔。

　　我并不认为，像用大公司的组织方法来组织大规模的科
学能够带来一个伟大的原子科学时代。我们可以组织起来去应
用一个已知的发现，但不能组织起来去做出发现。只有自由的
个人才能做出发现。这里存在一种组织**形式**，使得科学家的自
由和合理的工作条件得到保证。例如，美国大学的科学教授，

迈 特 纳（Lize Meitner，1878—1968）

奥地利女物理学家。与化学家 O. 哈恩及 F. 斯特拉斯曼共获费米奖（1966），因为他们的共同研究，导致了铀裂变的发现。

应该从他们的一些教学负担中摆脱出来，从而有更多的时间从事研究。你能想象一个科学家组织能做出查尔斯·达尔文的发现吗？

我也不认为美国大量的私人公司是适应当前需要的。若一个外星旅客来到这个国家，当他发现，这个国家的私人公司有那么多权力而不承担相应的责任，他难道不觉得奇怪吗？我说这些也是想强调，美国政府必须控制原子能。这并非由于社会主义是可取的，而是因为原子能是国家发展的，将人民的这种权力交给个人或单个团体都是不可想象的。对于社会主义，除非它能国际性地产生控制所有军事力量的世界政府，否则它可能比资本主义更容易导致战争，因为它表现出权力的更大的集中。

对原子能应用于建设性的目的进行任何估计都是不可能的。现在我们只知道怎样利用大量的铀。少量的、适当的铀的利用，例如操纵一辆汽车或一架飞机，到目前为止还是不可能的，而且没有人能预料何时能实现。毫无疑问，这个目标能够达到，但就是没人知道在什么时候达到，也没有人能预知什么时候有比铀更常见的原料能用于提供原子能。所有用于这个目的的原料大致应属于有较大原子量的重元素。这些元素由于其不稳定性而非常稀少。大多数这些原料可能已经通过衰变消失了。因此，虽然原子能的释放能够做到，而且肯定会对人类产生巨大的益处，但可能在一段时间内还不行。

我本人没有解说的天赋，使得我可以向很多人说明人类目前面临的迫切问题。因而，我很乐意推荐一个有此天赋的人：埃默瑞·里夫斯[①]。他的《对和平的剖析》一书充满了智慧，简洁、清晰、生动（dynamic）——若我能使用这个被滥用的字眼的话——论述了战争以及对世界政府的需要。

由于我不能预知原子能在今后的益处，我只好说目前

---

① E. 里夫斯（Emery Reves，1904—1980），英国著作家、发行人。他的《对和平的剖析》（*The Anatomy of the Peace*）一书曾红极一时，他曾收到了四千多封信与他探讨书中的问题，其中有许多赞同他的主张的社会名流。——译者。

它是个威胁。但也许这样也好。它可以迫使人类在国际事务中采用秩序，倘若没有这种恐惧的压力，这种秩序决不会出现。

II

自第一颗原子弹的制成以来，它在使世界更完全地逃脱战争方面没有做什么，然而却增加了许多战争摧毁力的行为。我说不出任何关于原子弹的第一手知识，因为我不在此领域工作。但是那些在这个领域里工作的人已经说得够多的了，他们指出，原子弹变得更有威力了。当然，造一个非常大的尺寸，能够摧毁更大面积的炸弹，其可能性是可以想象的。同样可信的是，大规模的放射性气体在一个广泛的区域内传播，引起大量生命伤亡而不摧毁建筑物。

我不认为在这些可能性之外去推测一种大规模细菌战是必要的。我怀疑这种战争的危险性能与原子核战争的危险相当。我也不认为链式反应会强大到导致足以毁灭这个星球的一部分甚至全部的地步。之所以排除这种考虑，是因为它若从人造的原子爆炸中发生的话，它早已在不断到达地球表面的宇宙射线中发生了。

我们也用不着设想地球像一个被恒星爆炸摧毁的新星

一样被毁灭，就可以生动地理解战争日益增长的规模，并且承认，除非阻止另一场战争的发生，否则它将产生前所未有的，甚至现在我们也是无法想象的摧毁力，而且极少量文明能够被保留下来。

在原子时代的头两年，另一个现象值得一提。尽管大众对原子战争的恐怖性有所警惕，但并没有采取任何措施。在很大程度上，他们已经在思想意识方面丧失了警惕。一种危险，倘若不能避免的话，那么最好忘了它。同样，一种危险，倘若所有预防措施已被采用的话，也最好忘了它。也就是说，如果美国政府分散工业区，使城市非集中化，人们忘掉他们面临的威胁，似乎是合乎情理的。

我应该附带说一句，这个国家没有采取预防措施，这倒是正确的。因为如果那样做的话，就会使原子战争爆发的可能性加大，因为它使得世界上的其他国家相信我们已着手准备战争了。但是对于预防战争的事情，我们也没做什么。相反，却做了许多事情使原子战争更可怕。因而，我们没有理由忽视这个危险。

我认为自原子弹制成后，我们没有做任何事情去防止战争，尽管美国曾在联合国提出过超国家控制原子能的建议。但这个国家所提出的是一个有条件的建议，而对于这个条件，苏联是决不能接受的。这便有可能把失败的罪名归咎到俄国人的头上。

但在责备俄国人的同时，美国人不该忽略这样一个事实：在超国家控制形成之前，或者没有取得超国家的控制的时候，他们并没有自愿放弃利用原子弹作为常规武器。这便使得其他国家感到恐惧。因为他们[①]感到，若其他国家拒绝接受超国家控制的条约的话，他们便会把原子弹当作他们武器中的合法部分。

美国人或许可以使人相信，他们没有发动侵略战争或者预防性战争的决心。因而他们或许认为没有必要公开宣布自己不会第二次首先使用原子弹。但是，这个国家曾被郑重地邀请宣布放弃原子弹的使用——也就是说，宣布它不合法——而它却被拒绝了，除非超国家控制的条件被接受。

我认为这一政策是个错误。拒绝声明不使用原子弹，确有一定的军事利益，它抑制了其他国家，使他们不能发动一个在其中美国可能使用原子弹的战争。但是，有所得便有所失。这样一来，超国家的原子能控制基础上的相互理解变得更为遥远了。只要美国掌握着原子弹的唯一使用权，便不存在军事障碍。但是，一旦其他国家能够大量制造它，由于缺乏国际协定，美国的损失将更为重大，因为它的集中的工业区和密集的人口在原子弹面前十分脆弱。

拒绝原子弹的不合法化，并且垄断它，这使得这个国

---

① 这里指美国人，下同。——译者。

家在另一方面也受到了损失，它不能使公众接受在上次战争以前已被普遍接受的战争伦理准则。我们不该忘了，原子弹在这个国家里是作为一种预防措施产生的，原本是用于阻止德国人使用原子弹的，若德国发现了它的话。轰炸平民区是德国人始创的，也为日本人所采纳。对此，盟军以牙还牙——实际上，具有更大的杀伤力——而且，他们这样做在道义上是讲得通的。但现在，没有了挑衅，也就没有了军事报复和复仇的必要。拒绝使原子弹的使用不合法化显然有政治目的。这很难被人原谅。

我并不是说美国不应当生产和储存原子弹，我认为它应该这样做；因为它能抵御一个同样拥有原子弹国家的原子进攻。但是，防范应该是储存原子弹的唯一目的。同样，我认为当联合国有自己的部队和武器时，它也应该有原子弹。但其目的也应是出于防范好战者或者反叛国家的原子进攻。同美国或者其他国家一样，它更不应该在最初阶段使用原子弹。在没有保证不使用原子弹的条件下储存它，是为了利用其使用权达成政治目的。可能美国是希望用这种方法恐吓苏联接受原子能的超国家控制。但是，这产生的恐惧只能加强对抗性并增加战争的危险。我的观点是：这个政策损害了原子能超国家控制的真正优点。

在战争中，我们不得不接受敌人卑劣低下的道德水准。我们已从这种战争中逃脱出来，但我们并未感受到从此道德水准中逃离出来的自由，并没有开始恢复人类生活的神圣并保障平民的安全。事实上，我们把过去战争中敌人的低下的道德水准作为我们目前的水准，因而，我们开始了另一场因我们的选择而变得卑劣的战争。

可能公众并没有完全意识到在另一场战争中原子弹将会被大量使用。由在上次战争结束以前爆炸的三颗原子弹的破坏力就可以衡量出这种危险。公众也许还未认识到：因其巨大的破坏性，原子弹已成为用于进攻的最经济的摧毁手段。在另一场战争中，将有足够多的原子弹，而且它们会相当便宜。除非在美国的政治和军事首脑以及公众自己这一边，有一个比现在更坚定的不使用原子弹的决心，否则，原子战争在所难免。除非美国人逐渐认识到他们并不因有原子弹而在世界上更强大，而是因受原子弹攻击而更脆弱；否则，他们不可能指导在成功湖①的政策，甚至不能处理它们与苏联推进相互理解的关系。

但我并不是说：美国未能宣布除报复外原子弹的使用不合法化，是其在原子能控制方面未能与苏联达成一致意见的唯一缘由。俄国人清楚地表示，他们会不惜一切代价阻止超国家政体的存在。他们不仅在原子能方面拒绝超国家政体，他们更在原则上竭力阻挠它。这样，他们便预先拒绝了

---

① 成功湖（Lake Success），联合国总部所在地，在美国纽约市。——译者。

加入有限世界政府的任何倡议。

葛罗米柯先生 [1] 正确地表明，美国原子提议的本质，证明国家主权已不适合于原子时代。他宣称苏联不能接受这个论点。他给出的理由令人费解，因为它们显然是托词。但看来苏联领导者真的相信，在超国家政体下，他们不能保证国家的社会结构。苏联政府决定维持当前的社会结构，掌握了巨大权力的苏联领导人会通过这种结构的本性，毫不费力地阻止超国家政体的存在，控制原子能或其他任何东西。

在超国家政体制度下维持他们目前的社会结构会遇到困难，俄国人在这方面的想法可能部分是正确的，虽然他们很快会发现参加超国家政体比孤立于一个法治世界之外损失要少得多。但目前他们被恐惧所引导，而且我们不得不承认：不仅在原子能方面，而且在其他许多方面，美国极大地激起了这些恐惧。事实上，这个国家在指导其对苏联的政策时似乎令人相信：恐吓是最有效的外交工具。

尽管俄国人力争阻止超国家安全体系的形成，但这并不等于世界上的其他国家就不应该创立此体系。上面已经指出，苏联有办法使用各种手段阻止他们不想发生的事；但是一旦发生了，他们又能灵活地适应它。所以，美国和其他强国最好不要允许俄国否决建立超国家安全组织。在此过程中

---

① 当时的苏联外长。——译者。

他们还抱着一丝希望：一旦俄国人明白他们不能阻止这样的政体，他们或许会加入其中。

迄今为止，美国政府表现出对保障苏联的安全不感兴趣。它关心的是自己的安全。这正是主权国家间权力冲突竞争的特征。但是没有人能够预先知道，倘若美国人民迫使他们的领导者建立一个取代当前国际关系无政府状态的政策，又会对俄国人的恐惧产生什么样的影响。在法治世界里，俄国人的安全如同我们自己的安全一样重要。要是美国人全心全意地支持这个计划——这在民主制下是可能的——在俄国人的思想中会产生一种奇迹。

目前俄国人尚没有证据使自己相信，美国人民不准备支持军事预备政策，而他们把这种政策看成是蓄意恫吓。如果他们能确信，美国人确实热切渴望以一种能够维持和平的方式，即通过超国家法治政权以维护和平，俄国人便不会为美国目前思想趋势中对俄国安全的威胁担心。只有等到一个由觉醒了的美国民众支持的天才的、令人信服的提议交给俄国之后，我们才有资格说苏联人的答复会是怎样的。

他们的最初反应也许会是拒绝这个法治世界。但如果有一天，俄国人开始明白，没有他们，这样的世界依然会形成，而且他们自身的安全感到增加，他们的观念或许会变的。

我赞同邀请俄国人加入以其权威提供安全保障的世界政府。若他们不愿加入，就开始建立没有他们参加的超国家安全组织。但我要承认，我很快意识到这样会产生很大的危险。倘若被采纳的话，就必须让人立即明白新的政体并非是一个反对苏联的政权联盟，它必须是一个联合体，由于其组合的性质，大大减少了战争的机会。它自己的利益比任何一个单独政体的利益都要复杂分散，这样更不可能发动侵略性的或者预防性的战争。它的权力将比任何单独的国家都要大，因而也更强。它在地理位置上幅员广阔，这样更难以军事方式被打败。它将致力于超国家的安全，这样便不强调国家主权，而后者正是战争中一个很重要的因素。

如果一个没有苏联加入的超国家政体建立起来了，那它的和平使命将依赖于它的技巧和真诚。对尽力让俄国人加入进来的愿望的强调，在任何时候都应是明确的。这一点必须让俄国人明白，同样也要让组成这个组织的国家明白：决不因为一个国家拒绝加入而惩罚它。如果俄国人开始没有加入，必须让他们确信，当他们决定加入时，他们会受到欢迎。创立这个组织的人应该理解：它们的最终目标是要得到俄国人的支持。

这是一些抽象的东西，很难概括出不完整的世界政府用以劝告俄国人加入的详细纲要。但对我而言，有两个条件是很清楚的：新的机构必须没有军事秘密；并且，在新的政策被起草、讨论和通过时，以及在决定机构的政策时，俄国人都有派遣观察员出席这个组织的每一次会议的自由。这样便会摧毁那个制造了大量的世界猜疑的巨大的秘密工厂。

提议设立一个没有任何军事机密的政体，可能冒犯了有军事头脑的人。他被教导相信，如此泄露秘密会使一个好战的民族意欲征服地球（对于所谓的原子弹的秘密，我猜想，俄国人通过他们自己的努力会在短时间内得到它）。我承认不保守军事秘密是个冒险行为。但是如果有足够数量的国家齐心协力的话，他们能冒这个险，因为他们的安全会大大增加。由于减少了恐惧、猜疑和不信任，我们有信心去冒这个险，世界上基于主权的战争可能性所增加的紧张形势，将会被逐渐增长的对和平的自信的轻松感所取代。很快，这可能对俄国人民有巨大的吸引力，以致他们的领袖对西方的态度会变得温和。

在我看来，超国家安全体系内的成员关系不应当建立在一个任意的民主标准之上。所有要求之中，最重要之处便是超国家组织——代表大会和委员会——的代表必须在每一个成员国内通过秘密投票由人民选举产生。这些代表必须代表人民而不代表任何政府——这将提高该组织的和平性质。

我认为，要求与不同的民主标准相一致是不明智的。民主制度和标准在某种程度上是历史发展的结果，并不总是能被享有它们的国家所接受。任意的标准会加剧西方与苏联意识形态上的差异。

但是，并不是意识形态之间的差异把世界推向了战争。

事实上，如果所有西方国家都实行社会主义，同时保持其国家主权的话，很有可能东西方之间的权力斗争会继续下去。在我看来，对目前的经济制度表现出的热情相当不合理。不管美国的经济生活是像现在这样由相当少的个人所支配，还是这些人应该受国家控制，这可能很重要，但这都不会重要到能证明在这个问题上所激起的热情是有道理的地步。

我希望看到一切组成超国家组织的国家集中他们所有的军事力量，而他们自己仅仅保留地方警察。那时，我愿意看到这些军队被混合起来，像前奥匈帝国兵团一样被分配。那时的一些做法受到了高度评价。出于为帝国效力的目的，一个地区的士兵和军官，最好不是限于驻扎在自己出生的省里，以免受制于地方或种族的压力。

我希望看到超国家政体的权威集中限制到安全领域，我不敢肯定这是否可能做到。经验表明，在此之外，附加一些经济事务的权威的期望，或许是可取的，因为在现代条件下这是引起国家动乱、播下暴力冲突的种子。但我宁愿看到此组织的作用全都被限制在安全事务上。我也希望看到此政体通过联合国力量的壮大建立起来，不至于牺牲在追求和平过程中的连续性。

我并不隐瞒建立一个世界政府的巨大困难，不管开始有没有苏联参与。我很清楚这种危险。既然我不希望允许任何已加入国退出该组织，那么危险之一便是可能爆发内战。

但我也相信这个世界政府到时是会产生的，问题在于我们会为此付出多大的代价。即使有另一场世界大战，我也相信它是会产生的。若战争胜利了，那么在这场战争之后，它会是胜利者建立的世界政府，它依赖于胜利者的军事力量，这个政府只能通过人类的永久性军事化而被长期保留下来。

但是我也相信它会通过协商和说服的力量来形成，这样我们的代价就会小一些。但要它以这种方式形成，只诉诸理性是不够的。东方的共产主义体系的一种威力便在于它具有宗教的特点，鼓舞了宗教方面的感情。除非基于法律的和平运动，在其背后聚集了宗教的力量和热情，否则很难有成功的希望。那些被委以人类道德教育重任的人肯定有很大的责任和机会。我想，原子科学家们已经相信，他们不能仅仅靠逻辑来唤醒美国人民认识原子时代的真理。必须加上感情的深沉力量，这就是宗教的基本成分。希望不仅教堂，而且学校、大学和舆论机构能为这个目的而好好履行它们独特的职责。

战争赢了，和平却没有

物理学家们发现自己的处境极类似于阿尔弗雷德·诺贝尔。阿尔弗雷德·诺贝尔发明了到他那个时代为止最具威力的炸药——一种极强的破坏手段。为对此有所补偿，也为了减轻良心上的负担，他为促进和平和实现和平设立了奖项。今天，这些参与制造有史以来最可怕、最危险武器的物理学家也被同样的责任感——如果不说是罪恶感的话——折磨着。我们不得不一次又一次地发出警告，我们不能也不应该放弃我们的努力，我们要使世界各国，尤其是其政府明白他们必将引起不可形容的灾难，除非他们改变了彼此共处的态度，改变形成未来任务的态度。我们帮助制造新式武器的目的在于防止人类的敌人先制成它。倘若纳粹得到这样的武器的话，他们必会奴役世界，必会给世界带来不可设想的破坏。我们把此武器交到美国和英国人手上，是因为我们把他们看成全人类的受托人，看成和平与自由的战士。但至今为止，我们从未看到任何和平的保证，也没有看到任何《大西洋宪章》中所承诺的自由的保证。战争是赢了，和平并没有。战时联合起来的强国在和平解决问题时分道扬镳了。世界曾得到摆脱恐惧的承诺，但战争结束后，恐惧却与日俱增；世界也曾得到免于匮乏的承诺，但在一部分人生活富足的同时，世界的大部分地区仍面临着饥饿。国家也同样得到了解放和正义的诺言，但我们已目睹，甚至正在目睹着"解放"部队向着谋求独立和社会平等的人们开火，而以武力支持那些国家里似乎最适合于为既得利益集团服务的党派和个人。领土问题和权力之争，尽管已经过时，却依然压倒了共同的幸福和正义的基本要求。请允许我详细阐述一个例子，它仅是普遍状况的一个症状而已。这例子便是关于我自己的民族——犹太民族的。

只要纳粹的暴行仅仅是，或主要是针对犹太人的，世界上的其他国家都漠然地观望着，有的甚至同公然犯罪的第三帝国政府达成条约和协议。后来，当希特勒正要攻取罗马尼亚和匈牙利时，当麦达内克（Maidanek）和奥斯威辛 ① 落在同盟国手中，毒气室已为世界所知时，所有解救罗马尼亚和匈牙利两国犹太人的努力却落空了。英国政府向犹太人移民关闭了巴勒斯坦之门，没有国家接纳那些被遗弃的人。他们被抛进了像在被占领国的兄弟姐妹们一样灭亡的命运。

---

① 这两处都是纳粹德国用来杀害无辜犹太人的集中营，位于波兰南部。——译者。

我们永不能忘记斯堪的纳维亚各国、荷兰、瑞士联邦这些小国的英雄行为，不能忘记欧洲被占领地区里竭尽全力保护犹太人的人们。我们也忘不了苏联的人道主义态度，当纳粹军队挺进波兰时，她是强国中唯一为数十万犹太人敞开大门的国家。但是，当所有这些不受阻止的一切发生之后，今天的状况又如何呢？在不考虑当事人意愿的情况下，欧洲领土正被瓜分。与此同时，残余的仅有战前五分之一人口的欧洲犹太人，又被拒绝接近巴勒斯坦的避难所，又被抛进饥寒交迫的边缘并受到持续的敌视。至今没有一个国家愿意或能够为其提供和平、安全生活的场所。事实上，许多人依然被同盟国拘留在集中营之中，此等卑劣丢脸的状况足以证实现状的可耻与无望。他们被冠以民主的原则禁止进入巴勒斯坦，而事实上是握着白皮书禁令的西方强国屈服于来自五个广阔而人口稀少的阿拉伯国家的威胁和压力。英国外交大臣告诉可怜的一小部分欧洲犹太人，他们应留在欧洲，因为那里需要他们的智慧；在另一方面，他又建议他们不要试图站在队伍的最前列，以免招致新的仇视和迫害。这真是最绝妙的嘲讽。嘿，我担心他们帮不了什么忙。与其意愿大相违背的是，与六百万的死难同胞一起，他们被推到前列，推到了纳粹受害者的前列。

战后的世界景象并不光明。对于我们物理学家而言，我们不是政客，也决不试图干涉政治；但我们知道一些不为政客所知的事情。我们觉得有责任宣告并且提醒那些负责的人注意，不存在逃避责任，进入从容舒适状态的办法；我们不能再一点点前进而把必要的改变拖至不确定的未来，我们已没有时间做微不足道的讨价还价；形势要求我们做出不懈的努力，要求我们在整个政治概念上的态度做根本性的转变。但愿那种促使阿尔弗雷德·诺贝尔设立其伟大奖项的精神，那种人与人之间的信任、自信、慷慨和兄弟情谊能在一些决定我们的命运的人的头脑之中占据优势。否则，人类文明便会毁灭无疑。

大规模毁灭的威胁

　　每个人都清楚我们所面临的艰难而具威胁性的状况。在其中，人类社会——因为共同命运而收缩为一个共同体——找回了自身，但只有很少一部分人能言行一致。大多数人继续过着他们的平常生活：半为恐惧，半为漠然，他们注视着在世界面前的国际舞台上演的幽灵般的悲喜剧。但在那个舞台上，在泛光灯下的演员扮着指定的角色的地方，正决定着我们明天的命运、国家的生死。

　　倘若问题不是人类自身所制造的事情之一，比如原子弹和其他类似的正威胁着全人类的大规模毁灭手段，情况也许会有所不同。比如，若是淋巴腺鼠疫流行病正威胁着整个世界，情况便会不同。在这样一种情形下，真诚的人和专家会被集中到一起，他们会想出绝妙的计划同鼠疫抗争。在用正确的方法和手段达成共识后，他们会将计划提交给各个政府。各个政府几乎不可能会提出认真尽责的反对意见，对于这些要采取的措施，他们会迅速赞同。他们绝不会想到以如下方法控制事态：自己国家幸免于难而其他国家大批毁灭。

但是，我们的状况能同威胁性的流行病相比较吗？人们不能用真实的眼光看待形势，因为他们的双眼已被热情所蒙蔽。普遍的恐惧和不安制造了仇恨和侵略。对战争目标和行动的适应已侵蚀了人类的精神，其后果便是：理智、客观和人道的思想没有任何影响，它们甚至被看成是不爱国的而遭受怀疑与迫害。

毋庸置疑的是：在敌对阵营中也有足够多具有健全判断力和正义感的人，他们能够而且渴望一起为现实的困境寻找出路。但他们不可能在一起进行非正式讨论，这便妨碍了他们的努力。我指的是那些习惯于客观地探讨问题的人，他们能够不为夸大的民族主义或其他热情所蒙蔽。这种把两个阵营中的人们强制隔离的做法，在我看来，是对求得国际安全中燃眉之急的问题的解决方法的主要障碍之一。

只要两个阵营的接触仅限于官方谈判，我就对达成一个理智的协议不抱太大希望。尤其是因为，出于国家声誉的考虑及站在所谓民众利益的框架下，几乎不可能取得合理的进展；一个政党出于上述原因而提出的官方建议也受到怀疑，甚至不为其他党派所接受。尽管遮遮掩掩，但在官方谈判背后依然是赤裸裸的武力威胁。只有当非正式的艰难准备工作为其准备好背景之后，官方的办法才能成功；首先要确信一定能找到双方满意的解决方法，然后，实际的谈判才有可能以一种公正的允诺方式获得成功。

我们科学家相信，我们及我们的后继者在此后几年中所做的或没有做成的事将决定文明的命运；我们认为，我们的任务便在于不知疲倦地解释真理，帮助人们认识生死攸关的事实，并且为不同观点的民族和国家之间的相互理解（而不是迁就），达成最终的共识而努力工作。

学校与和平问题

 由于其地理位置优势，美国很幸运地能够在学校中教授理性的和平主义，而不必担心其安全。因为这里没有真正的外敌入侵的危险，故而不必强制以军事的精神教育青年一代。另一方面，仅从感情角度对待此问题又是危险的。若不能清楚地抓住问题的本质困难所在，这种一味的希望式的思考便收益甚微。

 首先，青年人必须明白：美国任何时候都有可能卷入军事纠纷之中，尽管对其本土的直接攻击几乎不必担心。只是提及美国参与了上次世界大战，就足以证明这一点。美国若真能够不被卷入军事纠纷，其希望也依赖于普遍的和平问题令人满意地解决。有人认为：美国只要在外部交往中，保持政治上的孤立，即可赢得充足的安全，这种观点值得警醒。青年人必须清楚地认识到和平问题的国际性解决方案带来的重大利益。青年人尤其应该清楚了解美国政治家所担负的庄严责任，由于这些政治家未能支持威尔逊郑重设想所推出的和平计划，因而削弱了国际联盟的影响。

威尔斯（Herbert George Wells,
1866—1946）

英国小说家、社会学家、历史学家、空想主义者。他的写作天才最明显地表现在科学幻想小说方面。其中以《时间机器》《隐身人》和《当睡眠者醒来的时候》最为有名。

必须指出的是：只要存在着企图以军事扩张手段以获取未来的国际地位的大国，仅仅要求裁军是无效的。例如，法国提出的见解——也就是，各个国家的安全必须以国际机构来保证——的合理性必须被阐明。达成国际安全协议以抵制破坏和平的国家，这一举措是必要的，但并不是充分的。换言之，必须以大规模的武装交换和混合以实现防御资源的国际化，这种国际化的结果是：驻扎在某国的军队不被仅仅用于该国的目的。

为促使各国达成这项有效的和平保险协议，至关重要的问题便是要清晰而尖锐地引起青年人的注意。国际团结精神应被加强，而民族沙文主义则应作为妨碍进步的有害力量而被加以反对。

学校应刻意从进步和人类文明增长的角度来表述历史，而不该用它作为在青年一代头脑中培植外部权力和军事胜利偶像的手段。从这方面讲，我以为威尔斯的《世界史纲》（*World History*）值得大为推荐。

最后，有一点虽不直接但却极为重要：在讲授地理和历史的过程中，应传播一种对世界不同民族特征的同情性的理解，尤其是对于我们习惯上描述为"未开化"的民族。

论兵役

我坚信这样一个原则：和平问题的真正解决只有通过超国家的仲裁法庭组织才能得以实现。与现在的日内瓦国际联盟不同，它须有采取相应手段实施其决定的自由。简言之，它应是一个建有长期军事机构，最好还有警察力量的国际正义法庭。我的此种信念的绝妙表述来自戴维斯爵士的书《力量》（*Force*）［1934 年由伦敦恩斯特·伯恩有限公司（Ernst Benn, Ltd.）出版］。我极力向所有关心人类的这个基本问题的人推荐此书。

以此基本信念为出发点，我赞同任何在我看来能够使人类接近此目标的措施。几年前，一些有勇气、有自我牺牲精神的人拒绝参军便**曾经**是这样的一种措施。但它不再是值得推荐的方法——尤其是在欧洲。当各大强国皆有类似的民主政府，且没有一个强国把自己的未来计划建于军队侵略之上时，大量公民的拒服兵役或许会使得这些强国更青睐于国际上的法律仲裁。而且，这种拒绝倾向于把真正的和平主义教给大众。当国家为强制其人民服兵役而施加压力

戴维斯爵士〔Sir (Henry) Walford Davies，1869—1941〕

英国管风琴家，作曲家与教师，通过通俗广播讲座成为英国音乐教育界最有影响的人物，第一次世界大战期间，任皇家空军音乐指导。

时，民众就会觉得受了压迫，而且会觉得此类压迫不合乎道德的立足点。在此种情形下，这种拒绝确实对最高利益起到了推动作用。

但是现在我们所面临的事实是，各个强国在政治意见上观点各异，而这些观点民众不可能赞同，而且各强国以虚假信息的系统扩散将其人民引入歧途。同时，这些强国通过缔结创立各类军事组织而成为世界其他国家的威胁。这些军事组织把所有人口卷入其内，这种错误信息通过为对外侵略政策所左右的，受到控制的报社、高度集中的广播系统以及学校教育得以传播。在上述国家里，拒服兵役便意味着遭受苦难甚至死亡。但是在那些人民还坚持其政治权利的国家里，拒服兵役也就意味着削弱了仅存的文明世界的健康部分的抵抗力量。

正因为如此，今天任何一个明白事理的人都不会拒服兵役，至少在危机重重的欧洲是这样。

我不认为在现在的情形下，消极抵抗是一种有效的办法，尽管它是以最英勇的形式表现出来的。即使最终目的都一样，不同时代应有不同的办法。

因此，坚定的和平主义者现在必须寻找到不同于以前较和平年代的行为计划。他应努力达到这个目的：爱好和平进步的国家尽可能地站到一起，从而将建立于暴力和掠夺之上的国家的战争计划和政治冒险行为扼杀在摇篮之中。在我看来，首要的是由美国和大英帝国，有可能的话，也可加上法国和俄国，做出考虑周密的、永远一致的行动。

或许，当今的危险将促进这种**友好关系**的建立，从而带来国际问题的和平解决，这将是现实黑暗状况的希望所在。这里，一致的行动将在把公众引导到正确方向上产生重大影响。

科学中的军事介入

军事主义的精神状态

在我看来，我们的形势中决定性的一点在于，我们面前的问题不能被看成是孤立的。首先，有人会提出这样的观点：从今以后，学术和研究机构越来越依赖于国家的拨款，因为各种原因表明，私人的财力是不够的。但这是不是说，为了学术和研究的目的，就有理由把纳税人为此目的设立的基金交于军队方面来分配？每一个精明的人都会对此说"不"！显然，这种慈善分配的艰巨任务应落到特定的人的手里，他们所受教育和工作经历证明他们懂得一些关于科学和学术的事情。

倘若明白事理的人还是倾向于由军队机构来分配这种可利用的基金的大部分的话，他们的态度是基于如下事实：他们把其普遍的政治主张置于文化关怀之上。那么，我们就必须把我们的注意力集中到这些现实的政治观点，它们的根源及其应用上。这样做的时候，我们就应很快认识到，当前

伯特兰·罗素（Bertrand Russell, 1872—1970）

英国哲学家、作家和社会评论家，曾因反战被英政府关入监狱。获得1950年诺贝尔文学奖。

所讨论的问题仅为沧海一粟，只有在更广阔的框架中才能对其进行全面的估计和恰当的裁定。

我们所提及的趋势对于美国却是新鲜之物。它们的兴起受到两次世界大战以及随后的集中所有力量达成军事目标的影响，这样一来，一种压倒一切的军事主义被发展起来，而后者又随着突然的胜利而倍受强调。此种主义的特征就是伯兰特·罗素如此生动地称之为的"赤裸裸的权力"（naked power）的重要性被置于其他所有影响人们之间关系的因素之上。德国人，尤其是在俾斯麦的胜利的误导下，其精神状态也经过了同样的转变。其结果便导致他们在不到一百年的时间内遭到了彻底的毁灭。

俾斯麦（Otto von Bismarck-Schoenhausen，1815—1898）

普鲁士王国首相（1862—1890），
德意志帝国宰相（1871—1890）。
执政期间，采取"铁血政策"，
故又有"铁血宰相"之称。

　　我不得不坦白承认，敌对状态结束后，美国的外交政策使我有时不自觉地想到威廉二世统治下的德国。而且我知道，不光是我，这种相似性也让很多人产生了痛苦的感觉。军事主义的特征在于，人以外的因素（原子弹、战略基地、各种类型的武器、对原材料的占有等等）被看得至关重要；而人本身、他的欲望和思想——简言之，心理因素——被看成是无关紧要的、第二位的。在这里又同马克思主义有些相似，至少在其所唯一考虑的理论方面。个人被降级为单纯的工具，他成了"人的材料"。人渴望的正常目标在这种观点下便消逝了。军事主义的精神状态所提出的"赤裸裸的权力"取而代之成了目标本身——这是人类所能屈服的最奇特

威廉二世（Kaiser Wilhelm Ⅱ，
1859—1941）

德意志帝国皇帝和普鲁士国王
（1888—1918），因不满老牌帝国
主义对世界的瓜分，主张以舰队
为手段的"世界政策"，煽动民族
沙文主义，一战失败后，被迫退
位，逃往荷兰多恩，后死于该地。

的幻觉之一。

在我们的时代，军事主义的精神状态比以前更为危险，
因为进攻性武器越来越比防御性武器厉害。因而，它必然会
导致预防性的战争。与此紧密相关的是普遍的不安全性，在
国家福利的幌子下牺牲了公民的民事权。政治迫害、各种类
型的控制（比如控制教学和研究、控制新闻报道等等）便不
可避免。正因为如此，不要期望公众的抵抗会提供一点保
障——倘若它不合于军事主义的精神状态。逐渐地，对一切
价值的重估开始了。任何东西，只要不能明确服务于这个乌
托邦式的目标，都会被当作下等的东西看待和对待。

在我看来，要摆脱这种普遍状况的唯一出路便是要有在超国家基础上建立安全为目标的长远的、诚实的、勇敢的政策。让我们盼望，寻找到数量足够多并且具有崇高的道德权威的人引导这个国家走上正轨，只要外部情况还赋予她以领导的角色。如果找到了这样的人们，我们在这里所讨论的问题便不复存在了。

国际安全

在地理上，美国人无疑占有特别有利的位置，几乎不必过分认真考虑军事入侵对它的威胁。尽管如此，他们对建立国际仲裁法庭表现出了真正的兴趣，建立这个法庭的目的在于和平解决所有国际争端与不合，并用武力为之提供保障。世界大战表明，各国的命运是紧密交织在一起的，而全球范围的经济危机亦给我们以同样的教导。

因此，至关重要的是，美国青年一代应把精力放在这样的目标上，即，美国应积极参与实现国际秩序的努力。显然，战时和战后这段时期已成为许多美国人关注的焦点所在。它还表明，持续的孤立（aloofness）政策不仅伤害了全人类，也伤害了美国。

伟大人物

艾萨克·牛顿

当然，理性用其永无止境的任务来衡量，就显得软弱无力；相对于人类的愚昧与激情，理性的确又是那么不堪一击。我们必须承认，愚昧与激情几乎完全左右着人类的命运，无论在大的方面抑或是小的方面。然而理性[①]所结成的果实却超越世世代代嘈杂喧闹的人群而获得了更为长久的生命力，多少世纪以来一直发着光与热。一念及此，我们颇感欣慰，在这动荡不安的日子里，让我们来缅怀牛顿这位三百年前降临世间的人物。

想起牛顿就不能不想到他的事业。因为只有将牛顿视为追求永恒真理的战斗所赖以发生的舞台上的一幕，才能够理解他。诚然，早在牛顿诞生前很长的一段时期内，一直有活跃的头脑设想着从单纯的物理假说出发，通过纯粹的逻辑演绎应该能对可感知的现象做出令人信服的解释。然而却是

---

① 此处德文版用的还是 Vernunft（理性），而英文却意译成 understanding，从德文，S. 208.——译者。

艾萨克·牛顿爵士（Sir Isaac Newton，1643—1727）

数学家、科学家和哲学家。牛顿被誉为人类历史上最伟大的科学家之一。他的万有引力定律在人类历史上第一次把天上的运动和地上的运动统一起来，为日心说提供了有力的理论支持，使得自然科学的研究最终挣脱了宗教的枷锁。

牛顿第一次成功地发现了一个清晰而系统表达出来的基本原理，从这一原理出发，通过数学思维，他能够对众多领域的现象得出合乎逻辑的定量的而且与经验一致的结论。的确，他可能非常希望他的力学基本原理总有一天能够提供一把解释一切现象的钥匙。他的学生也这样想——甚至比他更加自信——他的后辈也同样如此，这种状况一直持续到18世纪末。那么，这一奇迹是如何在他头脑中诞生的？请读者原谅我提出这个不合逻辑的问题。因为，如果我们借助理性就能够解决有关"如何"的问题，那么"奇迹"从其严格的词义上讲也就不复存在了。理智（the intellect）的每个举动都在于把"奇迹"转换为某些它已经领会的东西，既然如此，如

爱因斯坦与印度诗人泰戈尔（Rabindranath Tagore，1861—1941）
在一起，1930 年

果奇迹允许其自身被转化，那么我们对牛顿思想的崇拜之情
会因此而更加强烈。

　　伽利略通过对最简单的经验事实进行天才般的解释，
已经建立了如下命题：一个没有外力作用的物体永远保持原
来的速度（与方向）；如果它的（运动的方向或）速度发生
改变，那么这一变化必然是由外界因素引起的。

　　为了将这一认识加以定量化的运用，必须首先对速度
以及速度的变化率（在假定为无体积物体即质点做已知运动

的情况下又称为加速度）以数学的精确性做出解释。这一使命促使牛顿发明了微积分的基础。

这项发明本身就是一项第一流的创造性的成就。然而，对于作为物理学家的牛顿来说，这不过是为了系统地阐述运动的一般定律而需要的一种新型的概念语言。至此，对于一个既定的物体，牛顿提出了如下假说：他精确设计出来的加速度在数值与方向上与加于该物体之上的力具有比例关系。这一概括了物体的加速能力的比例系数，完整地描述了（无体积）物体的力学性质。质量的基本概念就这样被发现了。

尽管以极为谨慎的态度，我们也可以说上面的内容可以被视为对某种本质已为伽利略所认知的东西做出的精确阐述。然而，无论从何种意义上讲，它都未能成功地解决主要困难。换句话说，只有在施加于物体之上的力的大小、方向在任何时候都是已知的情况下，运动定律才适用于物体的运动。这一难题本身归结为了另一个难题：如何找出作用力？考虑到宇宙中的物体之间可能产生的相互影响具有无法测度的多样性，任何一个想象力稍不如牛顿丰富的人对这个问题都会感到束手无策。而且，我们可以感知其运动的物体绝不是无体积的点——可以看作为质点，那么牛顿又是如何应付这种混乱局面的？

如果我们在无摩擦力的情况下推动一辆小车在水平面

上运动，那么很自然，我们施加的力是直接已知的，这是一种理想状况，运动定律就是从这种状态中获得的。我们在这种情况下研究的对象并不是无体积的点，这一点看上去并不重要。

那么，一个在空间下落的物体情况又会怎样呢？如果将自由落体的运动视为一个整体，它的表现几乎与无体积的点一样简单。它在下落过程中不断加速。按照伽利略的观点，加速度不受物体的本性与速度的影响。地球理所当然是这个加速度得以存在的决定性条件。既然如此，似乎地球仅仅凭借其存在就对物体施加作用力。而地球是由许多部分组成的。仿佛不可避免地使人认为地球的各个组成部分都对下落物体产生影响，而且所有这些影响都是融合在一起的。于是，似乎有一种发生在不同物体间而且仅仅依靠其存在就有一种力可以通过空间在它们之间相互作用。这些力好像不受速度影响，而仅仅取决于产生这些力的物体之间的相对位置与数量特性，这一数量特性可能是由质量决定的，因为从力学的观点来看，质量似乎描述了物体的特征，超距作用的物体之间所产生了这种奇怪的效应可以称为引力。

现在，为了精确地认识这一效应，只须求出在距离与质量已知的情况下，两个物体之间相互施加于对方的力有多大即可。至于方向，大概只能是连接它们的直线。至此，唯一未知的因素就是这种力对两个物体之间距离的依赖程度。

然而，这一知识不能先验地获得。在这里，只能利用经验。

然而，这样的经验对于牛顿来说却是唾手可得。月亮的加速度可以从它的运行轨道求出，并且可以与地球表面上自由落体的加速度做比较。行星围绕太阳进行的运动已经由开普勒精确地测定出来，并概括为几条简单的经验定律。因此，就有可能确定出距离因素如何决定来自地球与来自太阳的所有引力的效应。牛顿发现，任何现象都可以通过一种与距离平方成反比的力进行解释。这样，牛顿的目标就达到了。天体力学也随之诞生，并且由牛顿以及他的后辈学者进行了数以千计的验证。但是，物理学其他方面的问题又如何呢？引力与运动定律并不能解释一切现象。是什么因素决定了固体的各个部分能够保持均衡状态？如何解释光现象、电现象？通过引入质点与各种超距作用力，任何事情似乎都能合情合理地从运动定律中推论出来。

这一希望至今仍未实现，也不再有人相信在这个基础上可以解决一切问题。然而，牛顿的基本概念仍然在很大程度上决定着当代物理学家的思维。迄今为止，牛顿关于宇宙的统一的概念还不可能被一个同样的普遍的概念所取代。如果没有牛顿明确的理论体系，我们至今所取得的成就将是不可能的。

从对星体的观测中，发展出了当代技术进步所不可或缺的理智工具。对于我们所处的时代滥用这些工具的行为，像牛顿那样富于创造性的才智之士正如星体一样不应承担任何责任，他们的思想因注视这些星体而展翅高飞。说明这一点是很必要的。因为在我们这个时代，为了知识自身的价值而尊重知识的情况已不如精神复苏①的那几个世纪那样发自内心。

---

① 此处英文为 intellectual renascence，德文为 geistigen Wiedergeburt, S. 213，从德文。——译者。

约翰内斯·开普勒

从开普勒的信件中，我们发现自己面对着一位敏感的、为了更深入地洞察自然发展过程的特征而热情地献身于探索活动的人——一位克服了来自内心深处以及外界环境的种种困难最终实现了自己确定的崇高目标的人。开普勒终其一生都在解决一个双重问题。从直接观察的角度来看，太阳与行星以恒星背景为参照系，以一种复杂的方式变换着各自的表现位置。换句话说，付出这样的辛苦所进行的一切观测与记录真正针对的并不是行星在空间中的运动情况，而是地球－行星方向在时间进程中经历的暂时变动。

哥白尼使一小部分领会到这一点的人相信，在上述过程中，太阳必须被视为处于静止状态，而包括地球在内的行星都在围绕太阳运转。与此同时，第一个重大困难也应运而生：如何以一个装备有立体观筒望远镜的观测者在最近的恒星上看到的情况为参照来确定行星的真实运动情况。这就是开普勒面临的第一个重大困难。第二个重大困难则包含于以下疑问中：这些运动是遵照什么样的数学定律进行的？很显

约翰内斯·开普勒(Johannes Kepler, 1571—1630)

杰出的德国天文学家。发现了行星运动的三大定律:轨道定律、面积定律和周期定律。这三大定律最终使他赢得了"天空立法者"的美名。同时他对光学、数学也做出了重要贡献。他是现代实验光学的奠基人。

然,第二个难题(如果尚未超出人类思维极限的话)的解决必须以第一个难题的解决为基础。因为要验证一个用于解释某种过程的理论,必须首先弄清这个过程究竟是什么。

开普勒对第一个难题的解决完全来自富有灵感的想法,这一想法使得确定地球的真实轨道成为可能。为了推算出这个轨道,除太阳之外,还必须在行星空间确定出第二个固定点。在这第二个点找到后,就可以用它与太阳作为角度测量的参照点,地球的真实轨道也就可以通过在绘图与测绘中通常所采用的三角方法加以确定。

然而,到何处去找第二个固定点呢?毕竟除太阳以外,任何可见物体的运动情况尚知之不详。对此,开普勒给出了如下回答：我们已经精确地掌握了火星的表现运动，包括火星围绕太阳一周所需的时间（所谓的"火星年"）。在每个火星年年末，火星很可能都处于（行星）空间的同一点。如果我们在那一时刻到来时，不失时机地将注意力集中到这些点上，那么火星便代表了行星空间一个可以用于三角计算的固定点。

运用这一原理，开普勒首先确定了地球在行星空间的真实运动情况。因为地球自身在任何时刻都可以用来作为一个三角计算的点，他就能够从他的观测中确定其他行星的真实运动情况。

通过上述过程，开普勒构建起与其名字永远相连的三大基本定律的基础。在这一事实已成为过去的今天，没有人能够完全估计到，发现这些定律并对之加以精确的阐述需要多大的创造性，需要多少艰苦而不知疲倦的工作。

读者从这些信件中应该得知，开普勒是在怎样艰苦的条件下完成这项宏大的工作的，他并没有因为贫困或是缺乏那些有权决定他的生活与工作方式的同时代人的理解而停滞不前或垂头丧气。他所从事的学科能使这个以追求真理为己任的人立刻大祸临头。然而开普勒属于极少数不顾一切地在各个领域公开坚持自己信仰的人，同时他又不是那种热衷于个人论战的人，伽利略则恰恰就是这样的人。开普勒那灵感的锋芒至今仍受到见多识广的读者的喜爱。开普勒是一位虔诚的新教徒，但不讳言他并不赞成教会的所有决定。因此他被视为一个温和的异端分子并受到了相应的对待。

这把我引导到开普勒不得不克服的内在困难中——这种困难我在前面已经暗示过。它们不像外在困难那样易于觉察。开普勒只有成功地将自己从所属的知识传统中极大程度地解脱出来，他毕生的事业才有可能获得成功。这些传统不仅仅指那些建立在教会权威基础上的宗教传统，而且包括对自然的一般观念，宇宙及人类社会中的行动界限，以及对科学领域里有关思维与经验的相对重要性的观念。

他必须使自己在研究中放弃唯灵论的研究方式，唯灵论是一种追求神秘目的的思维模式。他首先必须认识到：即使是最明晰的、逻辑的数学理论也无法仅凭自身就保证准确无误，除非经受了自然科学领域最精确的观测的检验，否则就毫无意义。如果没有这一哲学态度，开普勒的工作将是不可能的。他虽然没有提及它，但这种内心斗争却反映在他的信件中，请读者注意那些有关占星术的评论，它们表明那个已被征服的心魔不会再为非作歹，尽管它并未完全消亡。

悼念玛丽·居里

当一位像居里夫人这样杰出的人物走到了生命的尽头时，我们不应仅仅满足于回顾她的工作成就为人类做出的贡献。杰出人物的道德品质可能比纯粹理智的成果对一个世代以及整个历史进程所具有的意义还要大。不仅如此，甚至后者的取得也要在极大程度上依赖于道德境界。而且这种依赖程度比通常认为的大得多。

我很幸运能与居里夫人保持 20 年高尚而且纯洁的友谊。她那人性的伟大使我的崇拜之情与日俱增。她的力量，她的意志的纯洁，她对自己的严格要求，她的客观公正，她坚定不移的判断力——所有这些不易发现的品格都集中在她一人身上。她在任何时候都认为自己是一名社会的公仆，她那极度的谦逊从未给自满留下任何空间，她始终感觉到社会的残酷与不平等并因此倍受压抑，这使她的外表带有严肃的一面。而这一点很容易被不熟悉她的人误解——这是一种罕见的，不能为任何艺术气质减轻的严肃。一旦她认为某条道路是正确的，她就会毫不妥协、持之以恒地追求到底。

居里夫人（Marie Skłodowska-Curie，1867—1934）

波兰裔法国籍女物理学家、放射化学家。玛丽·居里的成就包括开创了放射性理论，发明了分离放射性同位素的技术，以及发现两种新元素钋（Po）和镭（Ra）。她是巴黎大学第一位女教授，也是获得两次诺贝尔奖的第一人。

她一生中最伟大的科学成就——证明了放射性元素的存在并把它们分离出来——并不仅仅由于她超凡的直觉，还因为她在无法想象的极端困境中仍然保持的专注与执着，而这在实验科学的历史上是不常见的。

即使居里夫人的品格与献身精神所具有的力量仅有一小部分还活在欧洲知识分子的心中，欧洲也会拥有一个更加光明的未来。

悼念马克斯·普朗克

对于一个用伟大的创造性思想造福于世界的人来说，后代的褒奖并没什么必要，他自身的成就已给予他更高的奖赏。

然而，今天所有追求真理与知识的人的代表从地球的各个角落来到这里相聚，的确是一件好事情，而且是很有必要的。他们到这里来是为了证明，即使在我们这个时代，政治狂热与残酷的武力像利剑一样悬挂在饱经痛苦、惊恐万状的人们的头上，我们追求真理的理想标准仍然高高在上，光芒不减。这一理想是一条将各个时代、各个地方的科学家永远联结在一起的纽带，它以一种罕见的完美体现在马克斯·普朗克身上。

尽管希腊人已经想象到物质的原子本性，并且19世纪的科学家进一步使原子概念的提出具有了高度的可能性，然而却是普朗克的辐射定律第一次在不依赖其他假说的情况下精确地测定出原子的绝对大小。不仅如此，他还令人信服地说明，除了物质的原子结构外，还有一种受普适常数"h"支配的能量的原子结构，这个常数是由普朗克引入的。

马克斯·普朗克（Max Planck, 1858—1947）

德国著名的物理学家和量子力学的重要创始人。和爱因斯坦并称为20世纪最重要的两大物理学家。他因发现能量量子化而对物理学的又一次飞跃做出了重要贡献，并在1918年荣获诺贝尔物理学奖。

这一发现成为20世纪所有物理学研究的基础，并从那时起几乎完全决定了物理学的发展。没有这一发现，就不可能建立分子与原子理论以及决定二者能量转化过程的有用的理论。不仅如此，它还粉碎了经典力学与电动力学的整个框架。同时也为科学确立了一项新使命：为整个物理学寻找一个新的概念基础。尽管至今为止已取得了令人瞩目的具有局部意义的成就，但这个问题仍未得到令人满意的解决。

为了表达对这位伟人的敬意，美国国家科学院表达了自己的希望：出于纯粹的知识目的而进行的自由研究，应该不受任何阻挠与破坏。

悼念保耳·朗之万

　　相对于发生在这些不幸且充满失望的岁月中的大多数事件，保耳·朗之万逝世的消息对我的打击要更为沉重。为什么会这样呢？难道他的一生不够长寿，他的创造性成果不够丰硕，一个人的一生在他身上不是和谐地体现吗？难道他没有因为对理智问题敏锐的洞察力而受到广泛的尊敬，没有因为献身于一切正义事业并对一切生灵表现出宽容、仁慈而获得普遍的爱戴吗？难道我们对自然界为生命确定了界限，以使它在结束时仿佛像一件艺术品这一事实感到不大满意吗？

　　保耳·朗之万的逝世带来的悲痛之所以如此刻骨铭心，是因为它使我体验到一种被抛弃后极端孤独凄凉的感觉。任何一个时代，都极少有人不仅对事物性质有着清晰的洞察力，而且对真正人性面临的挑战具有强烈的感觉，并有着采取斗争行动的能力。这样一位人物离开人世，他所留下的空隙是仍然活着的人们所无法承受的。

　　朗之万在科学思维方面具有超常的明晰与敏捷，并且对关键点有着准确无误的直觉性的洞察力，正是由于这些特

朗之万（Paul Langevin，1872—1946）

法国物理学家。因次级 X 射线、气体中离子的性质、气体分子运动论、磁性理论以及相对论等方面的工作著称。

点，他的讲座对不止一代的法国理论物理学家产生了决定性的影响。朗之万关于实验技术的知识同样非常丰富。他提出的批评以及具有建设性的建议总能产生实际的效果，然而他自己那些颇富创造性的研究对科学的发展也发生了决定性影响，这主要是在磁学和离子理论领域。然而，他一贯乐于承担责任的做法限制了他自己的研究工作。因此他的劳动成果体现在其他科学家的出版物中的要比在他自己的出版物中的多得多。

在我看来，似乎有一点是不容置疑的：要不是其他人先提出了狭义相对论，朗之万本来是能够完成这项工作的，因为他已经清楚地觉察到了这一理论的本质方面。另一件令人钦佩不已的事则是他充分体会到德布罗意思想的意义——薛定谔后来从这些思想中发展出波动力学的方法——甚至在它们尚未结合成为一个连贯的理论之前。我还能清楚地记得他告诉我这件事时那种兴奋与热情——我也记得我是带着犹豫与怀疑接受他这些话的。

朗之万在其一生中始终对我们在社会与经济制度的缺陷与不平等有着清醒的认识并为此感到痛苦。然而他坚定地相信理性与知识的力量。他的心灵是如此纯洁，他甚至相信，一旦发现了理性与正义之光，所有人都应该愿意做出充分的自我克制。理性就是他的信念——一种不仅要带来光明而且要带来拯救的信念。他为促使所有人生活得幸福的愿望甚至比他对纯粹理智启蒙的渴望更加强烈，这使得他将大量的时间与重要的精力投入到政治启蒙活动中。从来没有一个求助于社会良心的人会从他那里空手而归。正因为如此，他那高尚的道德品质使许多无聊透顶的知识分子对他怀有刻骨的敌视。反过来，他却对他们都表示理解，他那仁慈之心从未对任何人怀有怨恨。

我只能为认识这样一位纯洁并启发人思考的人表示我的感激之情。

悼念瓦尔特·能斯特

　　最近去世的瓦尔特·能斯特是我一生中一直保持密切交往的，最具特色、最有趣的学者之一。在柏林，他从不错过任何一次物理学会议，他简洁的发言，不仅显示了一种惊人的科学天赋，而且表现出他总是掌握并深刻地了解数量巨大的事实材料，他对自己擅长的实验方法与技巧有着罕见的驾驭能力。虽然有时我们会善意地笑待他那孩子般的虚荣与自满，但我们对他却有着由衷的赞赏与私人情谊。只要不犯自我中心的毛病，他就会显示出一种非常少见的客观公正性，一种对关键问题精确的感知能力以及发自内心的探索自然界深层次相互关系的热情。要是没有这种热情，他那具有非凡多产的创造以及在 21 世纪最初的三分之一时间对科学生活所产生重大影响将是不可能的。

　　作为一个以热力学、渗透压力以及离子理论为研究基础的朝代的最后一名成员，他从阿伦尼乌斯①、奥斯特瓦尔

---

① 　阿伦尼乌斯〔Arrhenius，Svante（August），1859—1927〕，瑞典物理化学家。他最著名的贡献是电解质的电离学说。——译者。

能斯特（Walter Hermann Nernst，1864—1941）

现代物理化学的奠定人之一，因提出热力学第三定律而荣获1920年诺贝尔化学奖。

德①、范德霍夫②当中脱颖而出。直至1905年，他的工作基本限于这个概念范围。他的理论武器略显幼稚，但他却以一种罕见的敏捷掌握了它。我可以举出"浓度局部可变液体中的电动力理论"以及通过加入溶解物质以降低溶解度的理论作为例证。在这一时期，他还发明了利用惠斯通电桥（交流

---

① 奥斯特瓦尔德（Carl Wilhelm Wolfgang Ostwald，1883—1943），德国化学家，毕生从事教学、研究和编辑工作，促进胶体化学的发展，大部分生涯在莱比锡大学度过。——译者。

② 范德霍夫（Jacobus Henricus Van't Hoff，1852—1917），荷兰物理化学家，生于鹿特丹，由于在反应速度、化学平衡和渗透压方面的研究工作而成为第一个（1901年）诺贝尔化学奖的获得者，1887年与德国化学家W. 奥斯特瓦尔德一起创办了很有影响的《物理化学杂志》。——译者。

267

电，以电话机作为指示器，在比较电桥支路中的补偿电容量）测定导电体的介电常数的巧妙的零点法（null-method）。

这个最初的多产时期，是与能斯特改进方法论并完成对一个领域的探索工作联系在一起的，这个领域的基本原则在他之前已为人所知。这项工作逐渐把他引导到一个具有普遍意义的难题，可表征如下：由一个系统在各种状态中的已知能量，能否计算出该系统从一种状态转变为另一种状态时增加的有用功？能斯特认识到，仅凭热力学方程无法利用能量差 U 从理论上确定过渡功 A。从热力学方程可以推出，在绝对零度，A 与 U 的温度必然是相等的，但对于任意的温度，即使 U 的能量值或能量差在任何条件下都已知，也无法利用 U 求出 A。除非引入一个关于这些增量在低温条件下发生的反应的假设（这个假设由于非常简单因此是显而易见的），上述的计算才是可能的。这个假设就是：A 在低温条件下将不再受温度影响。把这假设作为一种假说（热力学的第三条主要原理）引入是能斯特对理论科学最伟大的贡献。普朗克后来发现了理论上更令人满意的解决方案，即熵在绝对零度时消失。

从热力学的较老的观点看来，这第三条主要原理所要求的物体在低温条件下发生的反应是很异常的。为了确保这一原理的正确性，必须对低温条件下的量热学方法做重大改进。高温条件下的量热学也因为能斯特取得了相当大的进

能斯特、爱因斯坦、普朗克、密立根、冯劳厄五位诺贝尔奖获得者在一起

步。通过所有这些研究，以及他那不知疲倦的天赋，为这个领域的实验者提供了许多具有鼓舞作用的建议，他最富成效地推进了他那一代的研究工作。量子理论一开始就得益于这些量热学研究所获得的重要结论，特别是在玻尔的原子理论使光谱学成为最重要的实验领域之前，情况更是如此。能斯特的本职工作"理论化学"不仅为学生而且为学者提供了大量具有鼓舞意义的思想。从理论上讲，它们只是基础性的，但却富有机智，生动形象而且充满了关于各种各样相互联系

的提示，这的确反映了他的理智的特点。

　　能斯特不是一个眼界狭窄的学者，凭借良好的常识，他成功地投身到实际生活的各个领域，与他进行的每一次谈话都会使一些有趣的事情真相大白。他与几乎所有同胞的不同之处在于，他令人瞩目地从偏见中摆脱了出来。他既不是民族主义者，也不是军国主义者。他几乎完全凭借结果的成败与否而非某种社会或道德理想对人或事做出评判。这是他摆脱偏见的结果。同时他对文学很感兴趣，并且具备像他这样担负如此繁重工作的人很少有的幽默感。他是一个富有创造精神的人，我从未遇到过一个在任何本质方面与他相似的人。

悼念保耳·埃伦费斯特

在如今这个时代，具有高尚品质的人因自己的自由意志而弃世的事情如此频繁地发生，我们甚至已经不再觉得这样的结局有什么不同寻常之处。然而逃避的决定一般说来都是根源于不能——或至少不愿意——把自己交付给新的更加困难的**外部的**生活环境。只是因为不能忍受**内在的**冲突就拒绝生存下去的情况，即使在今天具有健全头脑的人当中也是极为罕见的，大概只有在最高贵的、具有最高尚的道德品质的人中间才会发生。我们的朋友保耳·埃伦费斯特就陷入了这样一种悲剧色彩的内心冲突中。那些熟悉他的人，很荣幸这其中包括我，知道他最终成了良心冲突的牺牲品，这种良心冲突是决不放过任何年逾（比如说）五旬的大学教师的，只是表现的形式不同。

我是在22年前认识他的。那时他刚从俄国回来便径直到布拉格拜访了我。在俄国，他因为是犹太人而被禁止在高级研究机构执教。当时他正希望在中欧或西欧寻找新的工作环境，但我们几乎未谈及此事，因为当时的科学状

埃伦费斯特（Paul Ehrenfest, 1880—1933）

出生于奥地利维也纳，死于荷兰阿姆斯特丹，理论物理学家。1904年在玻尔兹曼指导下获得物理学博士学位。在有关统计力学的著作中表现出卓越的批评才能。

况差不多吸引了我们全部的兴趣。我们两人都意识到，经典力学与电场理论面对热辐射现象与分子过程（热的理论统计），已经显得力不从心，然而似乎又没有一种可行的办法来摆脱这一困境。普朗克的辐射理论的逻辑缺陷——当然我们两人对辐射理论本身都非常崇拜——对我们来讲是显而易见的，我们还讨论了相对论，他对相对论带有一定程度的怀疑，但是这种怀疑带有他特有的富有批判精神的判断力。仅仅几个小时，我们便成为真正的朋友——仿佛我们的梦想与渴望彼此都心领神会。我们一直保持着亲密的友谊，直至他离开人世。

他的价值体现在他异常优秀的天赋中：他能够领会一

个理论观念的实质，他能够剥去一个理论的数学外衣直至简单的基本观点清晰地凸现出来。这一能力使他成为举世无双的教师，也因此被邀请参加了许多科学大会。他总是能将清晰与精确注入任何讨论中。他激烈地反对模棱两可与拖沓迂回。必要时他会进行尖刻的讽刺甚至明显地表现出失礼之举。他的一些发言几乎可以认为是傲慢的。然而他的悲剧却是由于他近乎病态地缺乏自信。他在批评方面的天赋超出了他的建设能力，他因此而总是感到痛苦。可以说，他的批评精神剥夺了他对自己思想成果的热爱，甚至在它们产生之前。

在我们第一次见面之后不久，埃伦费斯特的尘世生涯发生了重大转折。我们尊敬的老前辈，洛伦兹希望结束在大学的日常执教活动，他认为埃伦费斯特同自己一样属于富有灵感的教师，并推荐他为自己的继任者。一个神奇的活动领域向这个稚气未脱的年轻人敞开了大门，他不仅是我所认识的我们这一领域最优秀的教师，他还热情地关注别人，特别是他的学生的发展和命运。理解他人，赢得他们的友谊与信任，帮助任何陷入外部或内心斗争中的人，激励年轻的天才——所有这些都是他生活的组成部分，甚至要比沉浸于解决科学问题更加重要。他的学生和同事都热爱他，尊敬他。他们知道他全身心地为别人服务，帮助别人，知道这样做完全符合他的本性。难道他不应该是个幸福的人吗？

玻尔与爱因斯坦在埃伦费斯特家，就量子理论进行争论，1925年12月

　　事实上，他比任何一个跟我关系密切的人都感到不幸福。因为他觉得自己无法与所面对的高尚使命相提并论，即便每个人都尊敬他又有什么用呢？他这种毫无来由的不完美感无休止地、经常地使他丧失进行研究所必需的平和的心境。他受到的折磨是如此严重，他被迫通过分散注意力来寻找慰藉。他频繁地毫无目的地旅行，他对收音机的沉迷以及他躁动不安的生活的许多其他画面都不是根源于对安静与无害的嗜好的需求，而是根源于我已经暗示过的心理冲突所引起的奇怪的逃避冲动。

在最近几年里，这一状况因为理论物理学经历的异常混乱的发展而更加恶化。让一个人学习并讲授那些自己内心都无法接受的东西永远是一件难事。而对于一个具有近乎狂热的诚实并对任何事情都要求明确的人来说，更是难上加难。尤其雪上加霜的是，这位年逾五旬的人越来越难以适应他永远无法摆脱的新思想。我不知道有多少读到这段文字的人可以完全体会这一悲剧。然而这正是他逃避人世的主要原因。

对我来讲，过分自我批评的倾向似乎与童年的经历有关。无知而自私的教师所带来的羞辱与精神压力，在年轻的心灵中酿成的严重恶果永远都无法消除，而且在未来的生活中经常会产生有害的影响。埃伦费斯特对这种经历的强烈感受，可以从他拒绝把深爱着的孩子们托付给任何学校这一事实中看出来。

与大多数人相比，他与朋友的关系要发挥着远为重要的作用。他完全受同情心以及建立在道德判断基础上的憎恶所左右。他一生中最强烈的关系是他与既是妻子同时也是同事的关系。她是一位具有异乎寻常的坚强与执着，而且在理智方面与他不相上下的人。或许她的思想不如他那样敏捷、丰富与敏感，但是她的泰然自若、不依靠他人的独立精神，在困难面前的坚定执着，在思想、感情以及行动方面的正直——所有这些对他来讲都是一种恩赐。他也用尊敬与爱情——这在我一生中是不常见的——回报她。同她的分离，对他来说是致命的，这是一种可怕的体验，一种他那已经受伤的灵魂所无法承受的体验。

我们这些活着的人的生活由于他精神的力量与刚正不阿，由于他那博大的胸怀所具有的仁慈与热情，特别是他那不可抑止的幽默与机智而受益匪浅——我们深知他的离去将使我们损失惨重。他将继续活在他的学生心中，活在所有为他的人格力量所引导、树立起雄心壮志的人心中。

圣雄甘地

一个不受外在权威的扶持，而成为他的民族的领袖的人；一位其成功不是依靠投机取巧，也不是凭借掌握的技术装备，而纯粹地建立在令人信服的人格力量的基础上的政治家；一个一贯轻视使用武力的胜利的斗士；一个具有智慧与谦逊，用果敢与不可动摇的坚定信念武装起来的人；一个将所有的力量都用来推动自己民族的崛起与命运改善的人；一

甘地（Mohandas Karamchand Maharma Gandhi，1869—1948）
印度哲学家、政治家和社会思想家。长期主张非暴力抵抗运动，终于导致印度独立。1948年1月30日被印度教徒狂热分子暗杀。

个用纯粹的人性尊严对抗欧洲的残暴，并在任何时候都不屈服的人。

在未来的时代，可能极少有人相信，这样一个血肉之躯曾经在地球上匆匆走过。

悼念卡尔·冯·奥西厄茨基

　　只有在德国经历过第一次世界大战后的岁月的人，才能够完全理解像奥西厄茨基那样的人所不得不进行的战斗有多么艰难；他知道，他的同胞崇尚暴力与战争的传统并未失去影响力；他知道，要向饱经厄运与长期使人道德沦丧的战争折磨的同胞们宣扬理智与正义有多么困难，多么徒劳，又是多么危险。由于他们的盲目，他们回报他的是仇恨、迫害与漫长的摧残。如果他们听从了他的教诲并采取相应的行动，本来是可以获得拯救的，而这对于整个世界来说也是一种真正的解脱。

　　诺贝尔基金会把崇高的荣誉授予这位谦逊的烈士，并决定永远纪念他以及他的事业，这一举动将使基金会千古流芳。这样做对今天整个人类来说同样是有益处的，因为他所抗击的致命幻想并没有被战争的结果所消除。放弃使用残酷的武力解决人类的问题仍然是当今的任务，正如那时一样。

卡尔·冯·奥西厄茨基（Karl von Ossietzky，1887—1938）

德国记者，和平主义者，1887 年 10 月 3 日生于汉堡。其远祖为波兰信奉罗马天主教的 Osiecki 家族的德国化支派的一员。1912 年他参加德国和平协会（Deutsche Friedensgesellschaft）。1920 年任该协会秘书，他相信"和平与民主制度的最大灾难，莫过于将军的无限权力"。1922 年帮助组成"永远制止战争会"（Nie Wieder Krieg）。1927 年任政治周刊《世界论坛》（*Weltbuehne*）副主编，在一系列文章中，揭露国防军领导者秘密重整军备的准备工作，后被控叛国，判刑 18 个月，但在 1932 年 12 月大赦中获释。法西斯独裁建立后，他被关进集中营（1933—1938），惨死于集中营中。1936 年，挪威议会授予他 1935 年度的诺贝尔和平奖。

我的人民

他们为何憎恨犹太人 ①

　　我想用一个稍做修改后的古老的寓言作为文章的开头。这个寓言有助于揭示政治上的反犹主义（anti-Semitism）的主要动机：

　　牧童对马说道："你是四足着地的兽类中最为高贵的，你理应在无忧无虑中尽享清福，要不是奸诈的牡鹿，你的幸福一定会十分完美。但牡鹿从小就练就出比你更快捷的四足。它快捷的脚步使得它比你先到达水寨。远近四周的水都被它及它的同伴喝光了，而你和你的小马驹则被弃置于口渴的境地。与我为伍吧！我的智慧和指导将把你和你的同类从凄凉与屈辱的境地中解救出来。"

　　出于对牡鹿的嫉恨，马不明就里地应允了牧童。他同意让牧童套上马勒，从而丧失了自由，成为牧童的奴隶。

　　寓言中的马代表一类人，而那个牧童则代表一个极想

---

① 此文德文版的标题为《反犹主义》（*Antisemitismus*），也没有如英文版中再细分为两小节。S. 239—249 ——译者。

绝对统治这一类人的阶层或集团；另一方面，那个牡鹿代表
犹太人。

我会听到你们在说，"这是一个完全不可信的寓言！没
有任何一种生物会像你说的寓言中的马那样愚不可及。"还
是让我们再多思考一下。那马感受过口渴的苦楚，而且每当
它看到牡鹿捷足在先时，它的虚荣心又时常受到伤害。你们
这些没尝过这种苦痛和烦恼的人当然很难明白，憎恶和蒙昧
会驱使马这么快不加思索地轻易上当。不过，马成为轻易受
了诱惑的牺牲品，正是因为它先前受的苦难导致他铸下这等
大错。要提出公正明智的忠告——给别人！——是容易的，
但很难使自己公正而明智地行动，这一说法很有道理。我可
以明确无误地告诉你们：我们都常常扮演着类似于那匹马的
悲剧性的角色，而且总是处于再次受人蛊惑的危险之中。

这寓言中所说的情形一次又一次发生在个人及国家的
生活中。简而言之，我们可把它看作是对某个特定的人或群
体的厌恶和仇恨，被引入了另一个缺乏有效自我防卫能力的
个人或群体的过程。但是为什么如此频繁地要由犹太人来承
担寓言中牡鹿的角色呢？为什么犹太人如此频繁地引起大众
的怨恨？主要是因为几乎所有国家中都有犹太人，而且因为
各处的犹太人如此稀疏地分散着，而无力抵抗猛烈的攻击。

一些过去不久的例子可以证明上面的观点。直到 19 世
纪末，俄国人民还因政府的专制而恼怒。在外交政策上愚蠢

爱因斯坦与著名的犹太复国主义者在一起，左二为魏茨曼（Chaim Weizmann，1874—1952）

的严重失误更使得人民的怒气达到爆发的极点。在这危急关头，俄国统治者却通过煽动群众去憎恶犹太人，对犹太人发泄暴力来化解自己的不安。自从俄国政府血腥镇压了危险的1905年革命后，这些策略就反复被采用过——可以说，这种花招使这个众怨所归的政府一直维系到了世界大战快结束时。

当德国人在由他们的统治阶级所策划的世界大战中失败后，立即有了责备犹太人的企图，他们认为犹太人首先煽动起了战争，之后又让战争失利。随着时间推移，这些企图得逞了。造成的这种对犹太人的仇恨不仅保护了特权阶层，而且使一小撮肆无忌惮、蛮横无理的人得以置德国人民于受奴役的地位。

在历史过程中，犹太人所得到的指责——这完全是为了美化对犹太人所犯的罪行——层出不穷，变迭频仍。犹太人被猜疑向井里投毒，被说成是出于宗教礼仪而杀害儿童的凶手，被错误地指控为有系统地企图独占经济命脉从而剥削全人类。写出来的伪科学的书标明犹太人是劣等的、危险的种族。他们被说成以善于为了本身自私的意图而酝酿战争、煽动革命而闻名。他们既被认为代表危险的激进分子，又是与文明进步为敌的匪徒。他们被指控在逐渐被同化的伪装下通过对国家生活进行渗透来篡改这些国家的文化。他们还被同样的口气指控为如此顽固不化以至于他们为任何社会都不容。

对犹太人的控诉几乎超出了你们的想象，尽管连一手炮制这些控诉的人都觉得其内容荒诞不经，但它们还是一次又一次在公众身上产生了效应。在动荡不安与骚乱频仍的时节，群众倾向于愤恨和粗野。而和平时期人类的这些本质特征只不过悄然流露出来。

至此我还只是提到对犹太人的暴力与压迫，而丝毫未提及反犹主义本身。作为一种心理的和社会的现象，反犹主义甚至在并无针对犹太人的特别行动的时期和环境中也存在。从这个意义上讲，它可以说成是潜在的反犹主义。它的基础是什么呢？我以为，从某种意义上来说，人们实际上可以把它看成是民族生活中一个正常的表现。

在一个国家里，任何群体的成员之间的联系比起他们同其他人的联系要更为紧密。因而，只要这些群体仍保持着差别，国家就永远摆脱不了群体间的摩擦的纠缠。在我看来，绝不能对全体人民的完全一致做任何指望，哪怕这是可以做到的。共同的信念和目标、相似的利益会在每个社会中培养出一些群体，这些群体在某种意义上作为一个单元而行动。在这些群体之间总会有摩擦，这与个人之间存在的反感与竞争一样。

这种形成群体的必要性或许最容易从政治领域、政党的形成中看出来。若无政党，各国公民的政治兴趣就会销声匿迹，也不会有不同意见进行交流的论坛。个人会被孤立，并且无法表明自己的信念。而且，政治见解的产生、成熟必须借助于具有相同性情和意图的人们之间的相互启发和批评才行。政治与我们文化生存的其他领域毫无二致。比如说，大家都承认：在宗教热情强烈的时候，不同的教派可能会涌现出来，这些教派间的竞争普遍刺激了宗教生活。另一方面，众所周知，集中化，即消除相互独立的群体，会导致科学和艺术上的片面性甚至荒芜，因为这种集中化阻止甚至压倒了不同见解及研究方向之间的竞争。

犹太人究竟是什么

群体的形成在人类奋斗的所有领域中均有令人鼓舞的影响，这主要是由于不同群体所代表的信念与目标之间的斗争所致。犹太人也组成了这样一个拥有自己确定特点的群体，而反犹主义则不过是由犹太群体引起的非犹太人所持有的一种敌对情绪。这是一种正常的社会反应。要不是它导致了政治上的弊端，它绝不会被冠以这样一个专有名称。

那么，什么是犹太群体的特征呢？首要的问题是：何为犹太人呢？对于这个问题，不存在什么快捷的答案。最明显的答案是：犹太人是具有犹太信仰的人。通过一个简单的类比，我们可以很容易地看出这个答案的肤浅之处。让我们问一下，什么是蜗牛？一个同上面那个在类型上相似的回答是：蜗牛是栖居蜗牛壳内的动物。这个答案不是完全不对，当然也不完备；因为蜗牛壳恰好只是蜗牛的物质产品之一。同样，犹太民族的信念也只是犹太人群体特征的产物之一。况且，蜗牛去掉壳，它依然是蜗牛。摒弃了其信仰（从这个字的表面意义而言）的犹太人与上述情形相同，他依然是个犹太人。

每当人们试图解释一个群体的基本特征，总会出现这种窘境。

几千年来把犹太人维系在一起而且至今还维系着他们的纽带，首先是关于社会正义的民主理想，辅之以全人类间的互助互谅的理想。连最古老的犹太宗教经典都深入探讨了这些社会理想，这些理想后来强烈地影响了基督教义和穆罕默德教义，并对绝大部分人类的社会结构产生了积极的影响。这里还应提到每周休息一天的导入，这可是一个对全人类意义重大的恩赐。诸如摩西、斯宾诺莎和卡尔·马克思这类人物，虽然他们可能各不相同，但他们均为了社会正义的理想而献上了毕生的精力，并自我牺牲。正是他们先辈的传统引导他们走上了这条坎坷的道路。犹太人在慈善事业上绝无仅有的成就也是出于同样的根源。

　　犹太传统的第二个典型特征是其对各种形式的理智追求及精神努力的崇尚。我深信，这种对理智努力的崇敬为犹太人在最为广泛的意义上给知识进步做出贡献起到了重要作用。鉴于他们人数相对较少，并且在他们前进的路上经常受到外界的阻碍，他们所做的贡献理应为所有正直的人所景仰。我坚信，这不是由于任何特别丰富的天资，而是由于如下事实：犹太人对智慧上的成就的尊重，营造了一个特别有利于任何可能存在的天才发展的氛围。同时，强烈的批评精神阻止了对任何权威的盲目服从。

　　在此我只局限于谈了上述两个在我看来最为本质的传统特征。这些标准和理想在或大或小的事情中都同样有所体现。它们被父母传给孩子；它们浸染了朋友之间的交流与判断；它们充满在宗教经典中；它们还赋予犹太群体的集体生活特有的烙印。就是在这些与众不同的理想中，我看到了犹太民族本性中的精华。只不过，这些理想在犹太群体，在其实际的日常生活中并非完美地得以实现。这也是很自然的事。然而，若有人想对一个群体的本质特征做出简要的描述，那他所描述的常是他们的理想。

存在压迫是一种刺激

在前面，我把犹太主义设想为一个传统的共同体。而另一方面，无论是朋友还是敌人都常宣称犹太人代表一个种族，他们独特的行为是由其固有品质所引起的，这种固有品质通过**遗传**代代相承。几千年来犹太人主要是在族内通婚，这一事实又给上面的观点加重了分量。这样的习俗会**保存**一个纯正的人种——若是此种族一开始就是纯正的话；而要是一开始便有了种族的融合，它就不可能**制造出**种族的纯一性。犹太人毫无疑问是一个混杂的种族，正如我们文明中的所有其他群体一样。诚实的人类学家也同意这一点。相反的断言都属于政治宣传，它们必须被相应地加以驳斥。

犹太群体的兴盛，依靠的不仅是自身的传统，而且靠着它们在世界上永远受到的压迫和敌视。毫无疑问，这是一个使犹太人几千年来得以一直持续生存的重要原因。

在前面我们已简要地对其特性加以描述了的犹太群体包括大约1600万人——这个数目略少于世界总人口的1%，或约等于当今波兰总人口的一半。作为政治因素，他们的作用可以忽略不计。他们几乎遍布于全球的各个角落，而且他们不会有任何办法被联合为一个整体——这意味着他们毫无能力在任何方面采取一致行动。

如果有人愿意只从敌人的说法中给犹太人做一番描绘的话，他将得出如下结论：犹太人代表了一种全球势力。乍一看去，这一结论显然荒谬透顶，而在我看来，这个结论却有一定的意义。作为一个群体，犹太人也许没有什么力量，但各个成员的成就加在一起处处都显著可观，哪怕这些成就是在困难重重的情况下取得的。洋溢在群体中的精神激发了潜伏在个体中的力量，激发他们投入到自我牺牲的努力中。

因此那些有理由来躲避大众启蒙的人煽动了对犹太人的仇恨。他们比害怕世界上任何其他事情更害怕具有理智上独立的人产生的影响。从中我看到了在如今的德国正趋于激烈的，对犹太人疯狂仇恨的根本原因。在纳粹集团眼中，犹太人不仅是一种摆脱人民对自己，即对压迫者不满的工具，他们还视犹太人为一个不可同化的元素，这个元素不能被驱使进行不加批评的接受教义，从而只要它还存在，它就要威胁到他们的权力，因为它坚决主张对群众进行大众启蒙。

纳粹篡夺政权后不久，即上演了隆重的焚书仪式。这件事足以证明上述观念已触及问题的核心。这种从政治观点看来是毫无意义的所作所为只能被理解为一种自发的情感发泄。因此它在我看来要比许多目的性更强、有实际意义的行为更能说明问题。

在政治学和社会科学领域，早已发展出一种对于过于宽泛的概括产生合理怀疑的心理。当思想过于严重地为这些概括所支配时，就容易出现曲解特定的因果关系的情况，对事件实际的复杂性做出不公正的判断。但另一方面，摒弃这种概括则意味着完全放弃理解。因此，我认为一个人只要对这种概括的不确定性保持清醒的头脑，就要而且必须冒险来进行概括。正是出于这种想法，我才愿意尽可能谨慎地表述我对反犹主义的看法，这个看法是通过对普遍观点的考虑而得出的。

在政治生活中，我看见有两种互为对立的趋势在起作用，它们总是在互相争斗。第一种趋势是乐观的，它源于如下信念：个人与集体的创造力的自然扩展，本质上能导致一个令人满意的社会状态。它认可对一种凌驾于集体与个人之上的中央权力的需求，但承认这种权力只起到组织和调整的作用。第二种趋势是悲观的，它认为个人与集体的相互影响导致社会的破坏；它因而试图完全把社会建立在权威、盲从及强制服从之上。其实，这种趋势只在有限的程度上是悲观的，因为对于那些本身就是或者渴望掌握权力和权威持有者来看，它反倒是乐观的。附和于这第二种趋势的是自由团体的公敌，是独立思想教育的公敌。这些人更是政治反犹主义的鼓吹者。

在美国这块土地上，所有人都口头上支持第一种也就是乐观的那种趋势。不过，第二种趋势也有强烈的表现。这随处可见，尽管它的大部分真相都被隐匿了起来。它的目标是要通过在控制生产方式的迂回道路上来实现少数人在政治上和精神上对人民的统治。它的倡议者已试着使用反犹主义及对其他各种群体的敌视这个武器了。不久的将来他们还会重复这种企图。迄今为止，所有这类企图都归于失败，因为人民的政治本能是健全坚实的。

这种状况在将来仍会继续，如果我们坚持这条原则：警惕奉承者，尤其是当他们来鼓动仇恨的时候。

离散异邦的欧洲犹太人

犹太人遭受迫害的历史几乎无法想象地长久，而如今①正在中欧进行的针对我们的战争可归入这部历史的一个特定范畴。在历史上，我们受迫害，**尽管**我们是《圣经》中的民族。现在，正是**因为**我们是那书中的民族，我们才遭受迫害。迫害我们的目标不仅是要把我们赶尽杀绝，而且还要在消灭我们的同时，毁掉在《圣经》及基督教义中阐述出的精神，这种精神曾使得中欧及北欧文明的崛起成为可能。如果这个目标得逞的话，欧洲将成为贫瘠的废墟。因为人类的群体生活是不会在一个由野蛮暴力、残忍行为、恐怖和仇恨构筑的基础上持续长久的。

只有理解我们的邻人，公正处理我们的事务以及乐于帮助我们的同胞，才能使人类社会长存于世，并确保个人安全。不论是理智，还是发明或是制度，都不可能代替教育中的这些最为生机盎然的部分。

---

① 演讲时间为 1939 年。——原注。

许多犹太共同体都已在当今欧洲的这场剧变中被根除了。数十万犹太男人、女人及儿童被逐出了家园而被迫在世界的大路上绝望地徘徊。当代犹太人的悲剧也是现代文明的悲剧，它反映了一种对现代文明的基本结构的挑战。

　　对犹太人及其他群体的压迫所产生的最为可悲的方面之一是出现了难民阶层。许多在科学、艺术和文学上非常卓越的人被驱逐出他们曾用其才华膏润过的土地。在经济衰退时期，这些流亡者中蕴含了经济和文化上的复苏力量的可能性：这些难民中的许多人都是在工业和科学上受过高度训练的行家里手。他们对世界的进步做出了极具价值的贡献。他们能促进新的经济发展，为当地老百姓提供新的就业机会，以此来回报［当地人收留他们的］好客心。我听说，在英国接纳难民的举措，直接给一万五千个失业者提供了工作机会。

　　作为有足够的运气逃离德国的前德国公民之一，我知道，当我向世界上一些民主国家表达对它们接纳我们的高贵姿态的谢意时，我是能代表我的那些在此及在其他国家里的难民同胞的。我们全体人都有义务感激我们的新国家，因而，我们每个人都竭尽全力地为我们居住的国家的经济、社会和文化事业做出最好的贡献，从而表达我们的感激之情。

　　然而，值得人们高度重视的是，难民的人数在不断增加。刚过去的一周中事态的发展，使潜在的来自捷克斯洛伐克的难民又多出了好几十万。我们再次面临着犹太共同体的重大悲剧。尽管这个共同体有着民主与公共服务的高尚传统。

　　使得犹太民族生存了几千年的抵抗力量，是犹太人追随《圣经》中关于人类之间关系的学说的直接产物。在这些年的苦难中，我们乐于互相帮助的品质正接受一场尤为严峻的考验。我们每个人都将独自面临这场考验，而且我们要挺过去，正如我们的祖辈们在我们之前做的那样。我们除了以自身的团结与知识进行自卫以外，别无他法，我们为之而受苦的东西是暂时的，而且是神圣的。

让我们牢记

作为犹太人，如果我们能从这些政治上悲惨的时期学点什么东西的话，应是如下事实：命运把我们维系在一起了。这一事实在和平与安定时期常常被我们轻松愉快地忘掉了。我们习惯于过分强调把不同地方、不同宗教观点的犹太人区分开来。当各地的犹太人被憎恨、受到不公正的待遇的时候；当诡计多端的政客们把对我们的偏见，起先是宗教上的偏见付诸行动，想以牺牲我们作为代价来策划他们的政治阴谋的时候，我们常常忘了，这正是每一个犹太人都受牵连的时候。这关系到我们每个人，因为这种公众心理（folk-soul）上的顽症与心理紊乱，不会为海洋与国界隔挡；相反，却如经济危机与传染病那样在世界范围内流行。

就一本黑书而写的未发表的序言

这本书是有关有计划的种族灭绝活动的文献资料的集合，德国政府正是通过种族灭绝活动杀害了大量犹太人。出于对事情真相负责任，许多犹太人组织联合起来从事现在这项工作并把它公之于众。

这本书的出版意图是很显然的。它想要让读者确信，只有当一个国际性的捍卫生命神圣的组织不只是把自己局限于保护国土免受军事攻击，而且还把保护对象扩展到每个国家中的少数民族时，其目标才能被有效地实现。最低限度，个人必须受到保护以免遭杀害和非人的待遇。

可以肯定，只要抛弃那种在最近几十年中一直扮演着至关重要角色的非调停的原则（Principle of non-intervention），上述目的就一定能达到。时至今日，没人再会怀疑对这一影响深远的措施的需要。甚至那些认为只应阻止外来军事侵略的人，如今也必须认识到：战争灾难是由各个国家的一些内在的发展，而不仅仅是军力和军备产生的。

只有当全人类的体面的生活条件的建立与维护被作为

一项全人类和所有国家的共同义务加以认可和接受的时候，我们才有一定理由谈论有教养的（civilized）人类。

从比例上来看，犹太民族的损失受最近几年的这场灾难的影响，比任何其他民族都要惨重。若确想争取到一个真正公正的解决方法，在组建和平的过程中必须对犹太民族加以特殊考虑。在正式的政治学意义上，犹太人不能被看成是一个民族，因为犹太人没有国家，也没有政府。这件事不应有异议。但犹太人曾被作为一个统一的群体加以对待，好像他们就是一个民族一样。他们的敌人的行为证明了他们作为一个统一的政治团体的地位这个事实。于是在朝着国际形势稳定努力的过程中，他们应被作为通常字面意义上的"民族"加以考虑。

在做这种联系时必须强调另一个因素。在欧洲的一些地方，在即将到来的几年中，犹太人可能无法再生活下去。经过几十年的辛勤劳作和自愿的经济援助，犹太人已使得巴勒斯坦的土地恢复了肥力。做出的所有这些牺牲是出于对一些参战国政府就最近这场战争的问题达成的官方协议的信任，在此协议中，犹太人将在他们古代的巴勒斯坦国家里被给予一个安全的家园。说得委婉一些，［某些参战国］在履行这项诺言时迟疑不决，半心半意。既然在这场战争中，犹太人，特别是巴勒斯坦犹太人做出了非常有价值的贡献，这项协议理应引起强烈的关注。应命令巴勒斯坦在其经济能力允许的情况下完全向犹太人的迁入开放。一些超国家机构要想赢得那种信任——为它们的持久存在构成最重要的支持——的话，它们就必须首先让大家看清楚那些出于对它们的信任而做出了最大牺牲的人没有上当受骗。

人类生存的目标 [①]

我们的时代以其在人类智慧发展的进程中取得的进展而自豪。对真理和知识的探索与追求是人类最为崇高的品质之一，尽管大声叫喊这种自豪的常常是那些付出最少努力的人。当然，我们同时要注意别把理智看成我们的上帝，它当然具有强健的肌肉，但却没有人格。它不能引导，只能服务，而且它选择领袖时并不仔细。这个特点可从它的布道人——知识分子的品质中反映出来。理智对方法和工具有独到的眼光，但对目的和价值却是盲目的。因此毫不奇怪，这种致命的盲目性从老一代转到了年青一代，并牵涉到了当今整整一代人。

我们犹太祖先，即先知者，和中国古代贤哲们了解到并表明：铸就我们人类存在的最重要的因素是一个目标的产生与确立。这个目标就是要通过内心不断的努力摆脱反社会

---

① 此文的德文版标题为《人类共同生活的真实目标》（*Das wahre Ziel menschlichen Zusammen-lebens*），并多出一段。——译者。

的、具有破坏性的天性，使人类变成一个自由幸福的群体。在这种努力过程中，理智会是最为得力的助手。理智努力的成果加上奋斗本身，同艺术家的创造性活动结合起来，就给生活提供了内容与意义。

但是如今人类的狂热比以往任何时候都不加节制地统治着全球。我们犹太人无论在哪里，都只算是很小的少数民族，一点武力自卫手段也没有，正置身于一场最严酷的苦难中，甚至要被完全灭绝，其程度比世上任何民族都要糟糕。对我们猖獗的仇恨源于如下事实：我们倡导了和谐共存的理想，并使之在我们民族中的佼佼者的言行中得到了体现。

我们对犹太复国主义欠下的债

自从提图斯征服耶路撒冷到如今，犹太共同体很少经历过比时下经受的压迫更为沉重的时期。事实上，在某些方面，我们现在的时代比过去更加不幸，因为当前移民的可能性比过去更为有限。

然而，不论这个时期会在生活中带来多大的悲哀、多么沉重的损失，我们还将生存下去。一个像我们这样的共同体，纯粹靠传统的原因来维系，只会在外来压力下更加有力。因为今天的每个犹太人都觉得，做一个犹太人不仅意味着须承担对自己共同体的责任，还要肩负起对人性的责任。总而言之，做一个犹太人，首先意味着去认同并实际遵从那些在《圣经》中规定的人道主义原则。没有这些原则，人类就不可能有任何健全幸福的共同体。

今天，出于对巴勒斯坦发展的关切我们聚集到了一起。此时此刻，首先需要强调一件事：全体犹太人应大大感激犹太复国主义。犹太复国主义运动在犹太人中复活了集体情感。它已经做出了一番出乎所有人预料的颇有成效的工作。

提图斯（Titus，公元 41—81）

罗马帝国晚期皇帝。皇帝韦斯巴芗（Vespasianus）之子。早年参加军队，驻守不列颠和日耳曼，公元 67 年在其父麾下任犹太地区军团司令。公元 68 年尼禄（Nero）死后，他协助父亲取得皇位。韦斯巴芗即位后，派他指挥对犹太人作战。据说，他曾杀死 100 万犹太人，并把耶路撒冷夷为平地，为此在公元 81 年建成提图斯凯旋门，此门迄今仍屹立于罗马广场。公元 71 年返回罗马后，提图斯任御林军司令，后数次任执政官，与其父共执朝政。公元 79 年父皇死后，他继承皇位，只在位三年（公元 79—公元 81）。有关他的经历请参见［古希腊］苏维托尼乌斯的著作《罗马十二帝王传》，张竹明等译，商务印书馆，1996 年版，第 316～324 页。

全球具有自我牺牲精神的犹太人都为这项在巴勒斯坦进行的事业做出了贡献，它卓有成效地把相当多的兄弟姐妹从无援的境地中拯救出来。尤其值得一提的是，它已经有可能把我们的一部分数量可观的青年引导到从事愉快的创造性工作的生活中去。

现在我们这个时代最为致命的痼疾，即由盲目的仇恨而引发的过分夸张的民族主义，把我们在巴勒斯坦的事业带到了一个最困难的境地。白天耕种过的土地，晚上必须加以武装保护，以免遭受阿拉伯亡命徒的洗劫。一切经济活动饱受不安全之苦。进取心开始衰萎，一定规模的失业现象也出现了（当然，用美国的标准来衡量，则实属一般）。

面临所有这些困难，我们在巴勒斯坦的兄弟姐妹们所表现出的团结与自信值得我们钦佩。那些仍有职业的人对失业者提供的自愿的援助，把他们从水深火热之中拯救出来。由于坚信理性和安宁会最终得以伸张，他们的情绪仍然很高涨。人人都知道，这些混乱是由那些不仅存心想和我们过不去，而且还想难为别人——特别是英国人——的家伙刻意挑起的。大家都很清楚，若是外国的资助被撤销的话，这些匪盗行为就会停止。

不过，我们在其他国家的同胞决不落在巴勒斯坦的那些同胞后面。他们也坚决果断地支持这项共同的事业，而没有灰心丧气。这就无须多言了。

我个人只想就分治问题谈一点个人看法。比起建立一个犹太国家来，我更愿意看到在和平共处的基础上同阿拉伯人合乎情理地达成一致。除了实际考虑外，我对犹太教义精髓的意识使我反对建立一个有边界、军队和一定程度的世俗权力的犹太国家，无论其权力的使用是如何节制。我怕犹太教受内伤——特别是在我们自己的圈子内搞狭隘的民族主义带来的伤害，而那种民族主义正是我们在甚至还没有犹太人自己的国家时就已经不得不强烈抵抗过的。我们不再是马加比①时期的犹太人。回到政治意义上的国家，便等于抛弃我们共同体的精神化（spiritualization），而这种精神化应归功于我们先知的天才。如果外部需要最终还是由我们挑起这副重担的话，那就让我们机智、耐心地承担它吧。

　　我还想就整个世界上目前的心理状态——这关系到我们犹太人的命运——多说一句。反犹主义总是被少数自私自利的人拿来作为欺骗人民的最廉价的工具使用。一个以这种欺骗为基础，靠恐吓来维持的专制暴政不可避免地要被自身

① 马加比（Judas Maccabee，？—公元前 160 年），古代犹太国的爱国志士。公元前 168 年，曾率领犹太民众反抗当时统治犹太人的塞琉西王国。公元前 141 年，犹大之弟西门在耶路撒冷及其周围地区建立了马加比家庭的统治，即哈斯蒙王朝。公元前 63 年罗马人占领巴勒斯坦后，犹太人遭到残酷镇压，绝大多数犹太人逃离巴勒斯坦，流散世界各地，漫长而艰辛的犹太人流散生涯开始了。——译者。

产生的毒素所毁灭。因不公正积集起来所造成的压力加强了人们心中的道德力量，这些力量会引起大众生活的解放与净化。祝愿我们的共同体因所遭受的苦难，加上努力的拼搏，能对这些解放力量的释放做出贡献。

献给华沙犹太隔都^①抵抗战中的英雄们

作为犹太民族中的成员，在抵抗有组织的德国刽子手的斗争中，他们战斗了，牺牲了。对我们而言，这些牺牲加强了我们这些遍布各国的犹太人间的联系。在苦难中，在为着更美好的人类社会的奋斗中，我们努力联为一体，而这样的社会正是先知们如此明确而坚决地摆在我们面前的目标。

德国人作为一个民族整体，要对这些大规模的屠杀负责。而且如果世界上还有正义可言，如果各国的集体责任感还没有完全从地球上消失的话，整个德国民族理应受到惩罚。在纳粹党身后的是德国民众，希特勒在他的著作和言行中已经明白地表露了他难以启齿的意图。之后，他们选择了他。这些意图表现得如此明显，以致完全不可能被误解。德国公众是唯一没有任何诚意采取一些相应的行

---

① Ghetto，通常译为（城市中）犹太居民区，这里音义兼顾，译为隔都。——译者。

动来保护无辜受害者的民族。当他们被彻底击败并开始哀叹其命运的时候，我们绝不能让自己再次受蒙蔽，而要牢记：他们曾经颇有心计地利用他人的恻隐之心，为他们针对人性犯下的最近一次也是最严重的违反人性的罪行做准备。

在华沙犹太隔都抵抗战中殉难烈士纪念碑前的讲话

今天耸立在你们面前的这座纪念碑，是作为一个具体象征而建造的，用来对我们倍受磨难的犹太民族遭受的无可挽回的损失的沉痛哀悼。它还提醒我们这些有幸活下来的人，对我们的民族和对由先辈们一手抚育起来的道德原则保持忠诚。只有借助这种忠诚，我们才有望在这个道德糜烂的时代生存下来。

对个人或民族犯下的罪行越残酷，凶手对受害者的仇恨和藐视就越深。从民族角度出发的自负与不切实际的自我标榜遏止了对罪行的忏悔。然而，那些没有参与这次罪行的人竟毫不同情无辜受害者的苦难，而且毫无人类的团结意识。这就是为什么残留的欧洲犹太人正在集中营坐以待毙，而地球上人口最为稀疏的地方却对他们门户紧闭。甚至我们能在巴勒斯坦建立本民族的家园的权利得到的庄严保证也正在被背弃。在我们所处的这个道德沦丧的年代，正义的呼声再也不能对人类起任何作用了。

　　让我们清楚认识并永远不要忘记这一点：那种把所有国家的犹太人维系在一起的协同合作与生活上的进取，是我们身处当前形势中唯一的物质上与精神上的保护伞。但是对于未来，我们将寄希望于对当前严重威胁人类生存的普遍的道德颓废的克服。无论我们的力量多么绵薄，让我们全力以赴，直至达到终极目标。到那时，人类将治愈如今道德沦丧所造成的创伤，而且会在其争取正义与公平的一个和谐社会的过程中重新获得生气和力量。

犹太人的天职

如今这个时代似乎特别需要具有像哲人一样的说辩能力的人——也就是说，智慧与真理的朋友——在一起。因为虽然我们的时代确实积累了比以往任何时候还要多的知识，那种曾赋予"文艺复兴"时代的精神以腾飞的翅膀的，对真理及对洞察力的热爱却已渐受冷落，取而代之的是对扎根于社会的物质领域而非精神领域的专业化的沉迷。而像这样的团体则仅致力于一些精神上的目标。

在过去漫长的世纪里，犹太教仅仅墨守其道德和精神上的传统。它的布道者也是它唯一的领袖。但为了适应一个更为广大的社会整体，这种精神导向退居幕后，虽然甚至在今天，我们犹太民族还得感谢它赐予我们一股显然是不可泯灭的活力。如果我们出于人类的利益要保存那种活力的话，我们必须在生活中坚持那种精神导向。

围绕金牛犊（Golden Calf）①跳舞绝不仅仅是我们先辈们的历史中的一个传奇时代。在我看来，这个时代尽管极为简单，与在我们这个时代正威胁着整个犹太民族的对物质的依附的自私目标的追求相比，却显然更为洁白无瑕。在这个时刻把那些有志于振兴我们民族的精神遗产的人联合起来就具有最正当的理由。这一点对于一个不受历史和民族上的狭隘性束缚的群体来说是正确的。我们犹太人应该永远是那些精神价值的承担者和保护人。但我们也应该清楚如下事实：这些精神价值是，而且一直都是全人类的共同目标。

---

① 金牛犊（Golden Calf），希伯来人先在公元前 13 世纪自埃及出走前往迦南途中，后在公元前 10 世纪以色列国王耶罗波安一世在位期间所崇拜的偶像。拜金牛犊之事见于《旧约·出埃及记》第 32 章和《列王记上》第 12 章。两处都指此事为严重的叛教行为。第一次所拜金牛犊可能是埃及雄牛神阿匹斯之像，后一次所拜金牛犊可能是迦南的化育之神巴力。——译者。

摩西·迈蒙尼德 ^①

当人们在一种和谐的精神之下聚集在一起，来缅怀一位其生活和工作在过去的七百年里一直长存于世的人士时，这种场景多少有点崇高。在一个激情与冲突比通常更能阻碍合理思想与公平正义的影响的时候，这种感觉就更强烈了。在日常生活的奔忙中，我们的视野被欲望和激情所遮挡，理智和正义的呼声几乎湮灭在一切人反对一切人的斗争的喧嚣声中。但过去那个时代的骚乱早已被平息，除了对少数几个人的回忆外，几乎再也找不出那些骚乱的遗迹。这些人对于他们的同时代人，并因而也对后代人身上产生了决定性的、有成效的影响。迈蒙尼德就是这样一个人。

当蛮族条顿人摧毁了欧洲的古代文化之后，一种新的更优秀的文化生活开始从两个源头慢慢发展起来，这两个源头就是犹太人的《圣经》和古希腊的哲学与艺术。不知因何

---

① 迈蒙尼德（Moses Maimonides，1135—1204），犹太教法学家、哲学家、科学家。一生著述颇丰，其中《犹太律法辅导》和《迷途指津》花费了其大半生心血写成。——译者。

313

缘故，它们在大浩劫中幸免于难。这两个彼此迥异的文化之源汇合在一起，标志着我们现在的文化时代的开始，而从这场汇合当中，直接或间接地涌现了所有那些构成我们现实生活的真正价值的东西。

迈蒙尼德就是这样一群人格坚定的人之一，正是这些人以其著述和人性的努力促进了这种综合，从而为后来的发展铺平了道路。这究竟是如何发生的，今晚将由一些友人叙述给我们，他们的研究比我更接近于迈蒙尼德毕生事业的核心，更符合欧洲思想史。

愿这一令人愉快的回忆时刻能有利于增强我们对于我们所拥有的文化财富的热爱与尊重。这些财富是我们通过艰苦的斗争得到的。为保存这些财富，我们同现在的黑暗野蛮势力的斗争必将取得胜利。

斯蒂芬·怀斯

　　在所有我个人遇见过的，那些为正义及深受压迫的犹太民族的利益做过工作的人中，只有为数很少的人自始至终大公无私——但没有一个能与斯蒂芬·怀斯那样全身心地献出了自己的爱心和能量相媲美。

斯蒂芬·萨缪尔·怀斯（Stephen Samuel Wise，1874—1994）

匈牙利裔的美国革新派犹太牧师和犹太人领袖。1906年在纽约建立独立犹太人会堂，去世前一直担任该会堂犹太教牧师。他一方面规定以现代形式举行包含古代犹太精神的宗教仪式，同时取消了希伯来人专门奉行的深受尊敬的某些传统，尽管如此，他仍坚决反对企图取消作为犹太人特点的同化主义者。他在1897年帮助建立了美国犹太复国主义者同盟，并担任第一任书记，1919年该同盟变成美国犹太复国主义组织，他从1936年—1938年担任该组织主席。1917年，他帮助创立了美国犹太人大会，曾多次当选大会主席。1936年在创立世界犹太人大会方面，他也起到了很大作用。他也曾数度当选为世界犹太人大会主席，在纳粹兴起后，他在向欧洲难民提供救济的各种组织中起到了积极作用。

他毕生都是犹太复国主义事业的战士，对他无尽活动的记忆将永远同犹太复国主义事业连在一起。他走过了真正的先知者的荆棘之路，一直都藐视卑劣的妥协，从未屈膝于当权派。无论他走到哪里，对我们自身阶层中及非犹太人世界中更大范围的政界中的弱点与不完善之处，他都毫不留情地加以揭露，他在这方面做出了重大而又持久的贡献。有人不喜欢他，但没有一个人会否认对他的认同与尊敬。因为每个人都明白，在这个人所做的大量工作的背后，总是有着一种让人类生活得更加美好、更加幸福的热切欲望。

致耶路撒冷大学的信

由于良好的外部条件的支持，我在漫长的一生中在深化我们的物理知识方面所做的那点微不足道的事，给我带来了如此多的赞誉，以致长时间以来，我更多感觉到的是尴尬而不是得意。但有种尊严的象征从你们身上而来，这东西使我充满了特别的欢欣——我们犹太民族在短短几代人的时间里，在异常困难的条件下，独自通过无限的勇气和不计其数的牺牲才完成了的一番宏伟的事迹。27年前你们的大学除了梦想和一点微弱的希望外别无他物，而如今同样还是这所大学，却成了一个活生生的事实，它是自由教学与充满兄弟情谊的工作家园。它就在那儿，立足于我们民族经过千辛万苦才解放了的土地上；它就在那儿，充当着一个蒸蒸日上，逐步兴盛，其成就终于得到了它理应得到的普遍认可的集体的精神中心。

在我们的梦想实现的最后这一段时期，只有一件事在我看来分量很重：迫于我们处境的险恶性我们不得不使用武力——这是抵制被灭绝的唯一途径——来捍卫自身的权力。

不过新生国家的领导人表现出的英明与谦和使我相信，与阿拉伯人之间基于卓有成效的合作与相互尊重和信任的关系将会逐渐被培养起来。因为这是使两个民族都能从外部世界中获得真正独立的唯一途径。

美国犹太人委员会

听到美国犹太教委员会的党纲遭到强烈反对时，我真的感到非常高兴。在我看来，这个组织的意图只不过是通过背叛真正的犹太理想，并模仿那些自称代表百分之百美国派头的人，来试图可怜地博得我们的敌人的欢心与容忍。我认为这种方式既不光彩也不会有效。我们的对手们绝对会不屑去看它，甚至辱蔑地看待它。依我看，这种现象不足为怪。一个对自己的事业都不忠实的人是不会赢得他人的敬重的。除了这些考虑之外，所述的运动恰好是"犹太教德国公民中央联合会"（Zentralverein Deutscher Staatsbürger Jüdischen Glaubens）这段不愉快记忆中的相当精确的翻版，这个联合会在我们最为需要的关键时期，除了本身显得完全无能为力外，还通过削弱其内在的东西来侵蚀犹太人民。而事实上单靠这些内在的东西，我们犹太民族应该能够经得起这个艰难时期的考验。

以色列的犹太人

对于我们犹太人来说，没有什么问题比巩固在以色列通过惊人的精力和无比的牺牲精神赢来的一切，更具有压倒一切的重要性了。但愿当我们想起这么一小群精力旺盛、富于思想的人所取得的一切成绩时，心中所洋溢着的欢愉与羡慕能赋予我们勇气，来承担当前形势置于我们肩上的重大责任。

然而，在评价这些成就的同时，让我们别忽视为这些成就服务的事业：营救我们那些分散在各处的处于危险之中的兄弟姐妹，把他们团结到以色列来；建立一个尽可能地遵从我们民族在漫长的历史进程中形成的道德理想的共同体。

和平是这些理想之一，它基于理解和自我克制，而非暴力之上。如果我们被灌输以这种理想，我们的欢乐中就会稍微夹杂着些痛苦，因为时下我们同阿拉伯人的关系距此理想还很遥远。事情很可能会是这样：如果条件允许我们不受外界干涉，解决同邻人的关系，我们很可能已达到了这个理想。因为我们**需要**和平，并且我们认识到我们将来的发展也有赖于和平。

我们没能实现一个不分裂的巴勒斯坦，使犹太人和阿拉伯人能平等自由地生活于和平之中。这不是我们本身抑或是我们的邻人的过错，而更多要归咎于委任统治国①。若是一个民族统治其他一些民族，就如英国对巴勒斯坦的委任统治那样，她就几乎不可避免遵从声名狼藉的分而治之（Divideet Impera）的鬼把戏。说明白点就是：在被统治的人群中制造不和，以便他们不会为了推翻强加在他们脖子上的枷锁而团结起来。好了，枷锁已被去除，但纠纷的种子已结出了果实，并且仍有可能在将来的某个时候造成损害——让我们希望这个时间不会太长。

巴勒斯坦的犹太人并非为了自己争取政治独立才去斗争，而是为了许多国家中其生存正面临威胁的犹太人取得自由移民权而斗争；也是为了所有那些渴求生活在我们自己人中间的人能自由迁徙而斗争。毫不夸张地说，他们的斗争可能付出的牺牲也许是历史上绝无仅有的。

我并不是在说，在与同数量上远超过我们的对手进行斗争而带来的生命和财产上的损失，也不是在说，一片被人遗忘的不毛之地上开拓者的精疲力竭的劳动生涯，我现在想到的是，生存在这样的条件下的人们，为了在 18 个月内接收为数超过该国犹太人总数三分之一的移民，而不得不做出

---

① 此处指英国。——译者。

的额外的牺牲。要弄懂这其中的意义，你只需想象一下美国犹太人的一个与之可比的功绩。假定没有法律限制向美国移民，设想美国犹太人自愿在一年半时间里接纳一百万外国犹太移民，照料他们，并把他们纳入本国的经济中去。这就会是个巨大的功绩了，但还远比不上我们在以色列的同胞们的成就。因为美国是一个辽阔富饶的国家，人口稀少，生活水准高，生产力高度发达，这些方面同面积狭小的犹太人的巴勒斯坦无法比拟。生息在这块土地上的犹太人，即使没有大量移民的额外负担，也过着艰难俭朴的生活，而且他们还处在敌人进攻的威胁中。想想这一出于兄弟情谊的自愿的举动对以色列犹太人意味着的艰辛和个人牺牲吧！

以色列的犹太人共同体的经济手段还不足以把这项宏图伟业引向成功的终点。从1948年5月起，至今移入以色列的数目超过300万的人口中，有100万人尚得不到住所和工作。他们不得不被集中在临时营地里并住下来，这对我们所有人来说，都是一个耻辱。

决不能因为这个国家的犹太人没有提供充分而及时的援助而使这个壮丽的事业遭到失败。依我看，这是一个已经赠予了全体犹太人的珍贵礼物：在这个伟大的任务中扮演一个积极的角色的机会。

爱因斯坦与以色列的总统职位 ①

　　我为我们的国家以色列的提议所深深地感动了。当然，我在为此悲伤的同时又羞愧难当，因为我不可能接受这个职位。我一辈子都在跟客观事物打交道，我生性缺乏恰当地与人打交道和行政管理的经验与能力。因此，仅此一点我就不是担当如此重任的恰当人选，即使我越来越大的年龄不会影响我的体力。

　　这一情形让我更加悲伤的是，自从我清楚地认识到我们在世界民族中的悲惨处境时，我与犹太民族的关系已成为

---

① 此文据德文版《爱因斯坦晚年文集》第264页翻译。据德文版的注释，本文写于1952年11月18日。这是爱因斯坦对当时以色列驻美大使阿巴·爱班（Abba Eban）的书面回信。当时以色列的第一任总统魏茨曼（Chaim Weizmann）去世，爱班受命问爱因斯坦是否愿意做以色列的总统，如果这个提议是由以色列议会（Knesset）提出来的话。关于这一点，可参考派伊斯的《上帝难以捉摸——爱因斯坦的科学与生活》（方在庆、李勇等译，广东教育出版社），第10～11页；也可以参见 Gerald E. Tauber 的文章："Einstein and Zionism"，载于由 A. P. Frenchy 主编的 Einstein——A Centenary Volume，哈佛大学出版社1979年版，第206页。——译者。

我的最强烈的人际联系。

这些天里，我们失去了一位伟人。多年来，他面对不利的和悲剧性的环境，承担了带领我们致力于在外部获得独立的全部重任。我衷心希望，能找到一位以其可以信赖的业绩和人格来担当这个艰巨的和责任重大的任务的人。

爱因斯坦的最后讲稿 ①

今天我不是以一个美国公民，也不是以一个犹太人的身份来向你们讲话，而是以一个企图以最严肃的态度来客观地考察事物的人的身份来向你们讲话。我所追求的东西非常简单，我要以我微弱的力量，冒着不讨任何人喜欢的危险，服务于真理和正义。

讨论以色列与埃及之间的冲突——是一个很小也不重要的问题，你们会认为，我们还有更大的担忧。但事情并不是这样。当我们讨论的问题关涉到真理与正义时，就不存在小问题与大问题的区别。因为涉及人类行为的普遍观点是不可分割的。谁要是在小事上不认真对待真理，那么，人们在大事上就不可能相信他。

---

① 此文据德文版《爱因斯坦晚年文集》第 265～268 页（其中 266～267 页为手稿图）翻译。据德文版的注释，爱因斯坦准备为 1955 年 4 月以色列的独立日的到来写一篇电台和电视讲话稿。这是原计划的讲话稿的开头部分，写于 1955 年 4 月 12 日。这也是爱因斯坦在他一生中写的最后几段话。第二天他就一病不起，几天后就与世长辞了。——译者。

这种不可分割性不仅针对道德，同样也针对政治；因为只有把小问题放在与大问题的依存关系上来认识，小问题才能得到真正的理解。当今的最大问题是人类世界分裂成两个敌对的阵营，即所谓的自由世界和共产主义世界。对于这里所说的"自由的"和"共产主义的"两个词的真实意义，我并不是很清楚，因而我宁愿谈论东方和西方之间的权力之争，尽管因为地球是球状的，人们甚至连"东方"和"西方"这两个名词的严格含义也并非很清楚。

从根本上说，这是旧式的权力之争，如早期的权力之争一样，它是以半宗教的面纱出现在人类面前的。这种权力之争由于原子武器的发展，而具有了一种魔鬼般的特征；各方实际上都知道并且承认，当这场权力之争转变为战争时，我们的人类将会灭亡。尽管如此，双方负责的政治家却依然采取一些惯用的伎俩，试图通过发展优势的军事力量来威胁对方、瓦解对方。人们必须为此冒着战争与毁灭的危险。没有哪个当权的政治家敢走超国家安全这样一条唯一有希望的道路，因为这意味着他的政治生命的结束。众人的政治激情一旦被到处煽动起来，就一定会有人成为牺牲品……

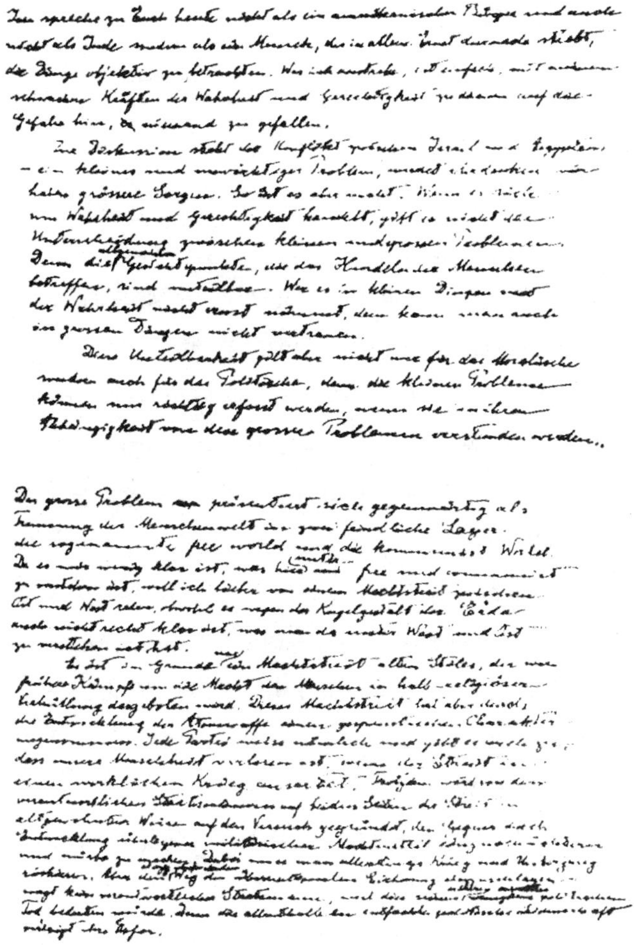
Ich spreche zu Euch heute nicht als ein amerikanischer Bürger und auch nicht als Jude, sondern als ein Mensch, der in allem Ernst danach strebt, die Dinge objektiv zu betrachten. Was ich anstrebe, ist einfach, mit meinen schwachen Kräften der Wahrheit und Gerechtigkeit zu dienen auf die Gefahr hin, niemand zu gefallen.

Zur Diskussion steht der Konflikt zwischen Israel und Ägypten – ein kleines und unwichtiges Problem, mögen Sie denken, wir haben grössere Sorgen. So ist es aber nicht. Wenn es sich um Wahrheit und Gerechtigkeit handelt, gibt es nicht die Unterscheidung zwischen kleinen und grossen Problemen. Denn die allgemeinen Gesichtspunkte, die das Handeln der Menschen betreffen, sind unteilbar. Wer es in kleinen Dingen mit der Wahrheit nicht ernst nimmt, dem kann man auch in grossen Dingen nicht vertrauen.

Diese Unteilbarkeit gilt aber nicht nur für das Moralische sondern auch für das Politische, denn die kleinen Probleme können nur richtig erfasst werden, wenn sie in ihrer Abhängigkeit von den grossen Problemen verstanden werden.

Das grosse Problem präsentiert sich gegenwärtig als Trennung der Menschenwelt in zwei feindliche Lager: die sogenannte free world und die kommunistische Welt. Da es mir wenig klar ist, was hier unter free und communist zu verstehen ist, will ich lieber von einem Machtstreit zwischen Ost und West reden, obwohl es wegen der Kugelgestalt der Erde auch nicht recht klar ist, was man da unter West und Ost zu verstehen hat.

Es ist im Grunde ein Machtstreit alten Stiles, der [illegible] Kämpfen um die Macht den Menschen in halb-religiöser Verhüllung dargeboten wird. Dieser Machtstreit hat aber durch die Entwicklung der Atomwaffen einen gespenstischen Charakter angenommen. Jede Partei weiss natürlich und gibt es auch zu, dass unsere Menschheit verloren ist, wenn der Streit zu einem wirklichen Krieg ausartet. Trotzdem wird von den verantwortlichen Staatsmännern auf beiden Seiten des Streites in altgewohnter Weise auf den Versuch gegründet, den Gegner durch Entwicklung überlegener militärischer Machtmittel einzuschüchtern und mürbe zu machen. Dabei muss man allerdings zu Krieg und Untergang riskieren. Aber den Weg der übernationalen Sicherung [illegible] wagt kein verantwortlicher Staatsmann [illegible], weil dies [illegible] politischen Tod bedeuten würde. Denn die allenthalben [illegible] überwiegt [illegible].

爱因斯坦未完成的手稿，为庆祝以色列 1955 年的独立日而写。

这可能是他一生中最后写的东西。

文章来源

《自画像》选自 George Schreiber 著：《画像与自画像》
（*Portraits and Self-Portraits*）。1936 年，波士顿 Mifflin 公司。

《决定命运的十年》选自由 Clifton Fadiman 编的《我信仰》（*I
believe*），Simon & Schuster 公司，1939 年，纽约。

《道德的衰败》选自 1937 年 10 月 11 日青年基督教联合会成立
日上的讲话。

《留给后世的话》选自 1938 年 8 月 10 日纽约世界博览会上裹
在一个小箱里预埋的给未来子孙的信（Capsule Statement）。

《论自由》选自由 Ruth Nanda Anshen 编的《自由的意义》
（Freedom, Its Meaning），Harcourt, Brace 公司，纽约，1940
年。

《道德与情感》选自 1938 年在斯沃斯莫尔学院（Swarthmore
College）毕业典礼上的发言。

《科学与宗教》第一部分选自 1939 年 5 月 19 日举行美国神学
院联合会东北地区会议前，在普林斯顿神学院的发言。第
二部分选自由"科学、哲学和宗教与民主生活方式的关系"

研讨会编《科学、哲学与宗教》(*Science, Philosophy and Religion*) 1941 年，纽约.

《论教育》选自 1936 年 10 月 15 日为庆祝美国高等教育 300 华诞，在纽约奥尔巴尼市政府教育大厦校长厅举行的庆祝会暨纽约州立大学第 72 届毕业典礼上的发言。

《相对论》选自《美国人民百科全书》(*American People's Encyclopedia*)，版权由 Spencer 出版公司所有，1949 年，芝加哥。

《$E=mc^2$》选自《科学画报》(*Science Illustrated*)，1946 年 4 月，纽约。

《什么是相对论》最初发表于《伦敦时报》(*London Times*)，1919 年 11 月 28 日

《物理学与实在》选自《富兰克林研究所学报》(*The Journal of the Franklin Institute*)，1936 年 3 月，第 221 卷第 3 期。

《理论物理学的基础》选自《科学》(*Science*)，华盛顿特区，1940 年 5 月 24 日。

《科学的共同语言》是 1941 年 9 月 28 日伦敦科学会议的广播录音。发表于《科学进展》(*Advancement of Science*)，伦敦，第 2 卷第 5 期。

《科学定律与伦理准则》选自 Philipp Frank 所著《相对论——一个丰富的真理》(*Relativity——A Richer Truth*)，Beacon 出版社出版，1950 年，波士顿。

《质能互等式的一个初步指导》选自由美国促进巴勒斯坦海
　　法希伯莱理工学院协会主办的，致力于推动巴勒斯坦和中
　　东地区技术培训和研究的年鉴杂志《理工期刊》(*Technion
　　Journal*)，纽约，1946。

《为什么社会主义》选自《每月评论》(*Monthly Review*)，纽约，
　　1949 年 5 月。

《黑人问题》选自 *Pageant* 杂志，纽约，1946 年 1 月。

《科学与社会》选自《科学》(*Science*)杂志，华盛顿特区，1935
　　然后—1936 年，冬季号。

《迈向一个世界政府》选自 1946 年 5 月 24 日通过美国广播公
　　司向赞成联邦世界政府的学生大会的广播讲话。

《出路》选自由 Katherine Way 和 Dexter Master 编的《一个世界
　　或不存在》(*One World or None*)，Whittlesey 出版社，1946
　　年，纽约。

《在接受一个世界奖的颁奖会上的演讲》选自 1948 年 4 月 27
　　日在纽约卡内基大厅接受"一个世界奖"(the One World
　　Award)时的致辞。

《科学与文明》选自 1933 年 1 月在伦敦亚尔伯特大厅的讲演。

《给知识分子的信》选自在波兰弗洛茨瓦夫（Wrocław）"知
　　识分子和平大会"上的发言稿。这篇发言稿并未真正在会
　　上宣读，但 1948 年 8 月 29 日在报上发表。

《致联合国大会的公开信》选自《联合国世界》(*United Nations*

World)，纽约，1947 年 10 月。

《爱因斯坦博士的错误观点——瓦维络夫、弗鲁姆金、约飞
与谢苗诺夫的一封公开信》选自 1947 年 11 月 26 日在莫
斯科出版的《新时代》（*New Times* ）杂志及 1948 年 2 月
在芝加哥出版的《原子科学家通信》（*Bulletin of the Atomic
Scientists* ）。

《关于知识分子的组织》选自致全美战时会议的声明，1944 年。

《"欧洲是成功的一例吗？"》选自《国家》杂志（*The Nation* ），
纽约，1934 年 10 月 3 日。

《在捍卫言论自由集会上的讲话》是写给一个大学教师集会的
信，该集会并未成行。

《原子战争，还是和平》选自 1945 年 11 月和 1947 年 11 月在
波士顿出版的《大西洋月刊》（*Atlantic Monthly* ）。

《战争赢了，和平却没有》选自 1945 年 12 月 10 日在纽约阿斯
托饭店举行的第五次诺贝尔纪念会晚宴上的致辞。

《大规模毁灭的威胁》选自 1947 年 11 月 11 日在纽约瓦尔多夫 –
阿斯托尼亚饭店由联合国议会和安全委员会举行的外国新闻机
构联合会第二次年会晚餐上的讲话。

《学校与和平问题》选自 1934 年 11 月 23 日在进步教育联合会
大会上的发言。

《论兵役》选自 1934 年 11 月 22 日芝加哥出版的《政策》
（*Policy* ）杂志。

《科学中的军事介入》选自在纽约出版的 1947 年夏季号《美国
学者》(*The American Scholar*)。

《国际安全》选自 1933 年 1 月 22 日对加州工学院学生的讲话。

《艾萨克·牛顿》选自 1942 年圣诞节英国曼彻斯特出版的《曼
彻斯特卫报》(*The Manchester Guardian*)。

《约翰内斯·开普勒》选自由 David Baumgardt 夫人编的《约翰
尼斯·开普勒书信集》(*Johannes Kepler's Letters*) 的序。

《悼念玛丽·居里》是 1935 年 11 月 23 日纽约罗里奇博物馆居
里夫人纪念大会上的发言。

《悼念马克斯·普朗克》是 1948 年 4 月在马克斯·普朗克纪念
仪式上宣读的发言。

《悼念保耳·朗之万》选自 1947 年巴黎出版的《思考》(*La
Pensee*),2—3 月号。

《悼念瓦尔特·能斯特》选自 1942 年 2 月在华盛顿特区出版的
《科学月刊》(*The Scientific Monthly*),第 54 卷。

《悼念保耳·埃伦费斯特》选自 1934 年在荷兰莱顿由 S.
C.Doesburg 出版社出版的《莱顿大学生联合会年鉴》
(*Almanak van het Leidsche Studentencorps*)。

《圣雄甘地》是 1949 年圣雄甘地 75 岁生日时的讲话。

《悼念卡尔·冯·奥西厄茨基》为 1946 年 12 月 10 日在诺贝尔
基金会晚宴上的讲话。

《他们为何憎恨犹太人》选自 1938 年 11 月 26 日在纽约出版的

《科里尔杂志》(*Collier's*)。

《离散异邦的欧洲犹太人》选自1939年3月22日通过哥伦比
　　亚广播系统向联合犹太教呼吁会上的致辞。

《让我们牢记》写于1934年。

《就一本黑书而写的未发表的序言》写于1945年,《一本黑书》
　　(*A Black Book*)的未发表的序言。

《人类生存的目标》选自1943年对联合犹太教呼吁会上的广播
　　讲话。

《我们对犹太复国主义欠下的债》选自1938年4月17日在
　　纽约Commodore饭店举行的全国劳工支持巴勒斯坦委员
　　会"第三届犹太人出埃及节"庆祝大会上的发言,1938年
　　4月29日在华盛顿特区的《新巴勒斯坦》(*New Palestine*)
　　上发表

《献给华沙犹太隔都抵抗战中的英雄们》选自1949纽约出版
　　的《波兰犹太人协会通信》(*Bulletin of the Society of Polish
　　Jews*)。

《在华沙犹太隔都抵抗战中殉烈士纪念碑前的讲话》选自1948
　　年4月19日在华沙举行的华沙犹太人隔都抵抗战纪念碑揭
　　幕式上的致辞。

《犹太人的天职》选自1936年3月22日在犹太科学与艺术研
　　究院上的发言。

《摩西·迈蒙尼德》选自1935年4月在纽约纪念边蒙尼德诞生

800 周年纪念会上的发言。

《斯蒂芬·怀斯》选自 1949 年 3 月纽约出版的《观点》
（*Opinion*）。

《致耶路撒冷大学的信》是 1949 年 3 月 15 日致以色列耶路撒
冷希伯来大学的信。

《美国犹太人委员会》选自 1945 年致纽约巴勒斯坦团结委员会
的一封信。

《以色列的犹太人》选自 1949 年 11 月 27 日通过全美广播公司
向联合犹太教呼吁会的广播。

人名索引

Klein 克莱因

Lagrange 拉格朗日

Paul Langevin 朗之万

Leibniz 莱布尼兹

Lessing 莱辛

Lister 李斯特

H. A. Lorentz 洛伦兹

Ernst Mach 马赫

Machiavelli 马基雅维里

Maimonides 迈蒙尼德

Karl Marx 卡尔·马克思

Maxwell 麦克斯韦

Lize Meitner 迈特纳

Mill J. St. 密尔

Moses 摩西

Walther Nernst 瓦尔特·能斯特

Newton 牛顿

Alfred Nobel 阿尔弗雷德·诺贝尔

Ossietzky 奥西厄茨基

Ostwald 奥斯特瓦尔德

Titus 提图斯

Sergei Vavilov 谢尔盖·瓦维洛夫
Thorstein Veblen 索尔斯坦·凡勃伦

Wells, H. C. 威尔斯，H. C.
Wheatstone 惠斯通
Wilhelm II 威廉二世
Wilson 威尔逊

Stephen Wise 斯蒂芬·怀斯

译后记

在翻译并校改完这本《爱因斯坦晚年文集》之后，我有太多的感想了。

爱因斯坦的生前好友菲立普·弗兰克曾在题为《爱因斯坦的科学哲学》一文中讲过两个逸闻趣事。

当弗兰克问爱因斯坦为什么如此之多不同宗教派别的牧师对相对论感兴趣时，爱因斯坦风趣地说，据他的估计，对相对论感兴趣的牧师多于对相对论感兴趣的物理学家。

弗兰克问爱因斯坦何以解释这一奇怪的事实，爱因斯坦微笑地答道："因为牧师们更关心一般的自然规律，而物理学家却常常不是这样。"

另一天，他们谈到了某位默默无闻的物理学家，他在所从事的研究方面，没有做出任何可以称道的东西。他所研究的题目，常常问题很多，非常困难，他通过深入分析之后，发现比他一开始研究时问题更多。他的大部分同事对他评价不高。然而，爱因斯坦说他"赞赏这种类型的人"。他并不欣赏那种专找容易问题去做的物理学家，他对那种"拿出一块木板，专找最薄的地方，钻一大堆孔的物理学家缺乏耐心，因为钻孔是很容易的事"①。

这难道仅仅只是两个传闻吗？不！从这两个传闻的背后，我们至少看到了以下两点。

1. 专门从事科学研究的人，如果忽视了对"基本问题"的关注，往往只能成为工匠型的专才，对于人类进步的贡献只能停留在某些技术的层面。人们以前在谈论孔子所说的"君子不器"时，常常从负面的角度来谈。如果我们从正面的角度来谈，"君子不器"②应该指的是人的一种"宽阔的胸襟"，不拘于某一学说，敏感于新的观念。从现代意义角度解说孔子，我们发现，"君子不器"也可以解释为现代科学精神。而我们这个时代的痼疾之一就是缺乏批判精神，而这正是现代科学的精髓。

2. 任何科学上的发现，一旦公之于世，就是属于全人类的共同精神财富，它不一定专属于某一科学团体，比如说，物理学家共同体。相反，它可以为人类社会的各阶

---

① Philipp Frank, Einstein's Philosophy of science, *Reviews of Modern Physics*, 1949，载于由 A. P. Frenchy 主编的 *Einstein——A Centenary Volume*，哈佛大学出版社，1979，第 23 页。

② 这里的解释纯属我自己的发挥。"君子不器"见《论语·为政》篇。有关解释，可参照杨伯峻先生（《论语译注》，中华书局，1983）以及其他先生的著作。君子不应像一个器皿，只有一个用处，而应有多种用途。

层人士所共享。正是在这个意义上，这本《爱因斯坦晚年文集》自出版以来，就一直受到欧美社会各阶层人士的喜爱。

生活在一个"后现代"泛滥的时代，我们缺乏的恰恰是理性。无疑，爱因斯坦是我们时代的理性之光。如果我们细读他的每一篇文章，就会发现到处闪耀的理性之光。

由于本文集涉及诸多方面，为便于读者阅读，我综合了20世纪最畅销的爱因斯坦传记——《上帝难以捉摸——爱因斯坦的科学与生活》一书的作者派伊斯以及其他学者的观点，在这里就爱因斯坦关于政治、他与犹太人之间的关系等问题做一简短评述。不免会挂一漏万，不周之处，还望方家指正。

在本文集中，除了"科学"部分外，在其余的五部分（尤其是"公共事务"与"科学与生活"部分）多处出现了爱因斯坦有关政治，尤其是他关于世界政府的看法。

爱因斯坦常对政治问题发表看法，总想解决它们，而他的那些看法总被人说成天真幼稚。奥本海默就写道："他总是带着令人惊讶的纯真，像儿童般的天真，而又桀骜不驯。"但正如派伊斯指出的那样，爱因斯坦关于政治的看法"不但不幼稚，而且深深地知道人类愁苦和愚昧的天性。他对政治问题的见解并不是立刻可行的，并且我认为它们在总体上也没有产生很大的影响，然而他情愿并且高兴为此付出明智的代价。"[1]

　　爱因斯坦从小就有独立思考的强烈愿望，不让任何事情来干扰他的思想，这给他的个人带来一种不同寻常的超然的生活。这并不是说他超乎人世、寂寞孤单、不与人交往。从他在纳粹统治时期和以后对德国的态度，我们还看到他很容易动怒。在他为别人的正义和自由呐喊时，在他呼唤他的犹太兄弟时，在他为华沙犹太隔都的英雄伤心时，他是一个充满感情的人，也同样是一个有着丰富思想的人。他在呐喊和激动以后，常想回到理想世界的纯真和安宁中去，这没有什么奇怪的；而真正值得注意的是他回归那个理想世界的天才能力。他用不着将日常的世界从他身边推开，只要他愿意，他随时可以走出这个世界。

　　和平主义和超国家主义是爱因斯坦的两个基本的政治理想。早在第一次世界大战初，爱因斯坦就公开宣扬和平理想，从那时起，他就一如既往。他认为他自己的和平思想是一种天性，而不是什么理性的结果。

　　20年代，他支持全面裁军和建立统一的欧洲。第二次世界大战后，他极力倡导世界政府的思想，主张和平利用而且只能和平利用原子能。

---

[1]　A.派伊斯：《上帝难以捉摸——爱因斯坦的科学与生活》，方在庆、李勇等译，广东教育出版社1998年版，第10页。

第二次世界大战结束以后的那些年，爱因斯坦比任何时候更醉心于政策和政治问题。"战争赢了，和平却没有。"他认为战后的世界是危险和不安定的，他相信，需要一种新型的政府模式。"第一颗原子弹不光摧毁了一座广岛城，也打破了我们固有的、过时的政治观念。""拯救文明和人类的唯一办法，在于创立一个以法律来保障各国安全的世界政府。"在他看来，应该为这个世界政府赋予约束其成员的决策能力。他怀疑联合国，因为联合国不具备这种能力。

　　在他的暮年，世界政府仍然是他一次次以各种形式谈论的话题。"只有创立一个以法律为基础的超国家体系来消除暴力手段，人类才能得救。"他相信，这才是人类应该为之奋斗的目标，即使环境不能容忍这种思想。正如他在本书最后两篇文章中所敏锐地指出的那样，"没有哪个当权的政治家敢走超国家安全这条唯一有希望的道路，因为这意味着他的政治生命的结束"。

　　他的建议有的也许是不实际的，有的也许不太成熟，然而，可以肯定的是，它们都来自一个清晰的头脑和强烈的道德信念。

　　爱因斯坦致力于以色列事业，尽管他有时会公开批评以色列政府。他把以色列说成"我们"，把犹太人说成"我的人民"。爱因斯坦的犹太人本性，随着年龄的增长而越来越强。他可能从来没有找到哪个地方是他真正的家，但他确实发现了他所属的部落。

爱因斯坦对犹太人命运的积极关注是在柏林开始的。对他而言，这种关注绝不能与他的超国家主义理想相矛盾。

应该说，爱因斯坦个性的最强大的源泉，首先是来自科学，其次就来自他要做一个犹太人。随着岁月流逝，这一点不断加强，然而，这种忠诚没有宗教色彩。

他对犹太组织的态度是矛盾的。这个矛盾是一个理性的智者所特有的。联想到以色列建国以来的种种表现，我们发现，如果以色列的当权者们能认真对待爱因斯坦的有关言论当中的哪怕一小部分，处理好与周边的阿拉伯国家之间的关系，中东的情形恐怕要比现在好很多。

如何用最简略的语言来刻画爱因斯坦？在本书第一篇文章《自画像》中，爱因斯坦对自己做了很好的自我描述。除此之外，我个人认为派伊斯的下列看法最为精当。他认为，**爱因斯坦是他所认识的最自由的人**。"他比我所接触的任何人都更能把握自己的命运。如果说他有上帝，那么这个上帝就是斯宾诺莎的上帝。爱因斯坦不是革命者，推翻权威从来就不是他的基本动机。他不是叛逆者，因为除了理性的权威，一切权威对他来说都是可笑的，不值得费工夫争斗（人们很难把他对纳粹的反对说成是反叛态度）。他有提出科学问题的自由，有如此经常提出正确问题的天才。除了接受回答，他别无选择。他对命运的深刻理解使他比他的任何前辈都走得更远。他的自信是他百折不挠、一往无前的力量源泉。名誉可以偶尔使他快乐，但从来不能使他动摇。他超然地对待时间，超然地对待死亡。在他后来对量子理论的态度中，在他探索统一场论的失败中，我没有看到什么悲剧发生。因为，特别是他提出的一些问题，仍然是对今天的挑战——还有，我从来没见过他满脸愁容，一时的悲哀也绝不会掩盖他一贯的幽默。"①

说起来，从下定决心接手翻译这本书，到最终完成，共花了近三年的时间（除掉其间在国外的一年时间，也有近两年的时间），对于一本不足 20 万字的书来说，这个翻译周期似乎也太长了点。

1997 年春，海南出版社的编辑通过一位朋友找到我，让我组织翻译这本书。一开始，我对做这件事有所顾忌，因为书中有很大部分内容已有中译文，散见于由许良英、范岱年等先生编译的《爱因斯坦文集》第一卷和第三卷中。这些先生都是我尊敬的前辈，《爱因斯坦文集》在学术界和社会上都产生了广泛的影响，似乎没有必要重起炉灶，只要把相关文章收在一起，补译另外一些文章，重新校定一遍即可。后来编辑告诉我，这个建议未被接受。另外，《爱因斯坦晚

---

① A. 派伊斯：《上帝难以捉摸——爱因斯坦的科学与生活》，方在庆、李勇等译，广东教育出版社 1998 年版，第 17—18 页。

年文集》中也有一部分内容从未被译成中文，有些虽然有译文，但来源并不完全相同，很有必要重译。

爱因斯坦是我最为景仰的学者。以前曾读了不少爱因斯坦的文章，也翻译了一本爱因斯坦的传记，这些年来也收罗了用英文和德文出版的不少有关爱因斯坦的传记，但认真静下心来，读英文和德文的他的东西却很少。想到此，我的疑虑一扫而光，就当是重新学习一遍爱因斯坦的有关文章。为了能突出我们的特色，我们从头做起。

本书的初译稿由我和韩文博、何维国等人承担。具体分工如下：我翻译中文版序、第1、2、10～17、25、28～37、46～62篇、文章来源、人名索引。韩文博译第18～24、38～46篇；何维国译第3～9、26、27篇。另外，查征、苏剑曾试译过部分文章，做过不少有益的辅助工作。为了能对理解译文有所帮助，我还对涉及人物和背景的地方加上了译者注。

有许多朋友在我们这个相对而言较为缓慢的翻译活动中给予了这样或那样的帮助，其中值得特别指出的有下列几位：波士顿大学的罗伯特·舒尔曼博士，他不但惠赠了本书的德文版，而且解答了我在翻译过程中的不少疑难。清华大学物理系的廖益副教授，审阅了本译稿中的"科学"部分，并且提出了一些很好的修改意见，使我们的译文向忠实更迈进了一步。译稿的其他部分，曾分别请教育部戴继强调研员、国家自然科学基金委员会的龚旭、清华大学出版社的徐

347

颖等人校阅过。他们分别提出了一些很好的修改意见，使译稿生色不少。打字员向守芳不辞辛劳，反复录改了我们多次改正的译稿。所有这些对于本译稿的尽早问世都起到了积极作用。很难想象，如果没有这些人的通力合作，这本译稿能呈现出现在这个样子。

在书稿于1997年底第一次交给出版社之前，我对照英文对全部译稿做了一次总的校改。为了符合编辑的要求，我尽可能地在语言表述方面下功夫，从1998年底开始，我又对照德文本，对译稿做了一次认真修改，部分章节彻底改过。我为此费时九个月，今年暑假更是几乎完全花在这本《爱因斯坦晚年文集》上。尽管如此，也难免有误译和错译之处，真诚欢迎读者指正。

有人说，翻译是戴着镣铐跳舞。这或许太过于悲观。事实上，如果说，翻译是件吃力不讨好的事，恐怕不会有多少人反对。尤其是翻译爱因斯坦的文章。一方面，有一些好译文专美于前，对于后来者的压力是可想而知的。对于吾侪来说，信、达、雅三者都兼顾的话，恐怕一者也顾不了。基于这种考虑，我们非常强调前二者，即一定要做到信和达。我们在少数地方，为方便读者，也做了必要的意译。至于雅，就只能凭平日的修炼了。这多少有点对不起我们的主人公——爱因斯坦。他是一位不折不扣的语言艺术家。他的德语天才仅次于他的科学天才，他的语言精妙绝伦，译文很难保留神韵。研究爱因斯坦的人应该读他的德文。爱因斯坦的所有科学论文，无论最后是用哪种语言发表的，最初都是用德文写的。爱因斯坦不仅驾驭德语轻松自如，而且，在他所写的对同事和朋友的纪念文章里，还清晰地表现出了他对人的洞察力。他一生中写了许多悼念文章，其中最令人感动是本书中的悼念埃伦费斯特的文章。所有这些人物素描都形象生动地证明了下列观点：**爱因斯坦是一个天真的人。**①

爱因斯坦所写的悼念文章，完全可以作为范文来读。一方面，是欣赏他那优美的语言；另一方面，也是更重要的方面，是体会他那广博深邃的心灵。他对人性的了解是如此透彻，以至于有时我们只能有惊叹的份儿，而不敢做任何评论。

平心而论，作为德语语言大师，他的作品被译成英文后，就失去了许多风采，再在此基础上转译成中文，个中有多少流失，实在是一个未知数。我虽然对照德文做了认真的校订，但严格地说，还是以英文为主。非常希望今后能有国文底子与德文均好的同仁能直接从德文来翻译爱因斯坦的文章。

在这里有必要介绍一下翻译所依据的英文版和校对时所参考的德文版的有关情况。

英文版第一版出版于1950年，随后在1956年出了修

---

① A. 派伊斯：《上帝难以捉摸——爱因斯坦的科学与生活》，方在庆、李勇等译，广东教育出版社1998年版，第16页。

订本，以后在 1967 年、1970 年、1979 年、1984 年和 1991 年五次重印过。1991 年至今未见重印。[①]

德文版的《爱因斯坦晚年文集》迟至 1979 年才由美因河畔法兰克福的 Ullstein 出版有限公司出版，版权归纽约爱因斯坦财产委员会所有。

德文版也由六个部分组成。共 62 篇文章，从篇数上看，比英文版多三篇（英文版虽然有 60 篇，如果把出版者前言不算在内，实际上只有 59 篇）。

六部分的标题分别为：

1. 基本原则（相当于英文版的"信念与信仰"部分）

2. 科学（与英文版相同）

3. 战争或和平（相当于英文版的"公共事务"部分）

4. 人权与自由（相当于英文版的"科学与生活"部分）

5. 伟大人物（与英文版相同）

6. 犹太人与犹太教（相当于英文版的"我的人民"部分）

从每部分的具体篇目来看，两个版本又有较大的不同。完全相同的文章约占 70%。德文版加入了许多英文版中所没有的文章，也相应地删减了一些文章。比如，自然科学部分，英文版收 8 篇文章，而德文版只收了 4 篇；伟大人物部分，英文版收 9 篇文章，德文版收了 13 篇；德文版基本原

---

① 据 Schulmann 博士的电子邮件。

理部分收了 11 篇文章，而与此相应的英文版信念与信仰部分只收了 8 篇文章，而且这里面也并不相同。德文版削弱了英文版在自然科学方面的分量，更突出了爱因斯坦在宗教、哲学和人类事务方面的文章，有自己的特色。据此，笔者在翻译时，把德文版的最后两篇文章也相应地翻译出来，补在中译本中。其中一篇是爱因斯坦婉拒以色列政府让他当以色列总统的书面回信，另一篇是爱因斯坦生前最后的文稿。我相信，德文版在收录这两篇文章时，是有所考虑的。应该说，它进一步凸现了爱因斯坦的高贵品格。

必须特别指出的是，本译稿中的最后两篇文章（即第 61、62 篇），由于没有出现在英文版中，我们特别得到了以色列耶路撒冷希伯来大学的犹太国家与大学图书馆阿尔伯特·爱因斯坦档案馆的许可。（Permission granted by the Albert Einstein Archives, The Jewish National & University Library, The Hebrew University of Jerusalem, Israel.）

最后，再次真诚希望读者能对于译文中出现的这样或那样的错误不吝指正。

方在庆

1999 年 8 月 10 日草就

1999 年 10 月 15 日重改